普通高等教育经管类专业系列教材

ERP企业模拟经营沙盘实训教程
（第二版）（微课版）

崔 杰 主 编
吕永霞 崔 婕 副主编

清华大学出版社
北 京

内 容 简 介

本书以用友新道科技股份有限公司的手工沙盘工具和商战实训软件为蓝本，详细介绍了用友ERP沙盘模拟教学体系。本书按照突出应用性、实践性的原则，在理论与实践相结合的基础上，适当压缩理论部分，扩展实践内容，注重培养学生的实际操作能力和动手能力。全书包括6个单元：第一单元介绍了ERP企业模拟经营沙盘实训；第二、三单元着重介绍了ERP企业模拟经营手工沙盘实训和ERP企业模拟经营商战实训；第四单元剖析了企业经营成功之道；第五单元分享了经典案例；第六单元和附录有详尽的实训记录表和辅助使用表格，方便对教程和实训手册进行整合。

本书立足于教学，面向竞赛，突出实用。本书既可作为高等院校会计、财务管理、企业管理等专业的教材，又可作为企业管理人员沙盘模拟演练的培训教材，对广大沙盘爱好者也有一定的参考价值。

本书配套的电子课件和实例源文件可以到http://www.tupwk.com.cn/downpage 网站下载，也可以通过扫描前言中的二维码获取。扫描前言中的视频二维码可以直接观看教学视频。

本书封面贴有清华大学出版社防伪标签，无标签者不得销售。
版权所有，侵权必究。举报：010-62782989，beiqinquan@tup.tsinghua.edu.cn。

图书在版编目(CIP)数据

ERP企业模拟经营沙盘实训教程：微课版 / 崔杰主编. —2版. —北京：清华大学出版社，2022.8（2025.1重印）
普通高等教育经管类专业系列教材
ISBN 978-7-302-61377-0

Ⅰ.①E… Ⅱ.①崔… Ⅲ.①企业管理—计算机管理系统—高等学校—教材 Ⅳ.①F272.7

中国版本图书馆 CIP 数据核字(2022)第 124635 号

责任编辑：胡辰浩
封面设计：周晓亮
版式设计：孔祥峰
责任校对：成凤进
责任印制：沈　露

出版发行：清华大学出版社
网　　址：https://www.tup.com.cn，https://www.wqxuetang.com
地　　址：北京清华大学学研大厦A座　　　邮　编：100084
社 总 机：010-83470000　　　　　　　　　邮　购：010-62786544
投稿与读者服务：010-62776969，c-service@tup.tsinghua.edu.cn
质 量 反 馈：010-62772015，zhiliang@tup.tsinghua.edu.cn

印 装 者：三河市铭诚印务有限公司
经　　销：全国新华书店
开　　本：185mm×260mm　　印　张：15.5　　字　数：377千字
版　　次：2019年5月第1版　2022年9月第2版　印　次：2025年1月第3次印刷
定　　价：79.00元

产品编号：096680-01

前　言

根据当前应用型本科教育发展形势，各高校重视开设实践课程，以培养复合型、实践型人才为近年来应用型本科教育的目标。因此，"ERP企业模拟经营沙盘实训"课程应运而生。该实训课程能使学生感受到企业的实战气氛，在模拟企业实战时，学生会遇到企业经营中经常出现的各种典型问题，针对出现的问题，学生必须通过团队来共同分析问题、寻找对策、制定决策，并组织实施。最后通过教师对经营进行点评和总结，使学生积累实践经验。

本书以用友新道科技股份有限公司的手工沙盘工具和商战实训软件为基础进行编写，以掌握企业经营流程为主线设计学习任务，形成"基于就业导向，设计学习任务"的模式。

全书共分6个单元：第一单元为ERP企业模拟经营沙盘实训简介，第二单元为ERP企业模拟经营手工沙盘实训，第三单元为ERP企业模拟经营商战实训，第四单元为企业经营成功之道，第五单元为经典案例分享，第六单元为用友ERP企业模拟经营沙盘实训记录表。本书内容充实、通俗易学、实用性强，注重突出实践性。本书适合初次接触该课程的学习群体，既有手工沙盘实训规则流程，又有商战实训规则流程；既方便大一新生进行认知学习，又便于学校举行校内电子沙盘竞赛。无论是手工沙盘还是商战实训，本书都"手把手"地教学习者如何做预算、如何决策、如何经营，同时，本书还会讲解企业经营模拟过程中遇到的问题。本书按照突出应用性、实践性的原则，在理论与实践相结合的基础上，适当压缩理论部分，扩展实践内容，注重培养学生的实际操作能力和动手能力。本书包含详尽的实训记录表和辅助使用表格，方便进行教程和实训手册的整合。

本书是多人智慧的结晶，作者均为高等院校多年从事教学工作并有丰富经验的老师。本书由崔杰担任主编，吕永霞和崔婕担任副主编，具体分工如下：崔杰编写第一、二、三单元；吕永霞编写第四、五单元；崔婕编写第六单元、附录。在本书的编写过程中，作者参考了一些相关的著作和文献，并且得到了河南用友新道科技有限公司张林峰、张慧彩等工作人员的帮助和支持，在此深表感谢！此外，参加本书编写的人员还有程瑶、张瑞娅、毕鹏翾、蒲敏、李永利等。由于编者水平有限，本书难免有不足之处，欢迎广大读者批评指正。我们的电话是010-62796045，信箱是992116@qq.com。

本书配套的电子课件和实例源文件可以到http://www.tupwk.com.cn/downpage网站下载，也可以扫描下方的二维码获取。扫描下方的视频二维码可以直接观看教学视频。

配套资源

教学视频

编　者

2022年3月

目录

第一单元 ERP企业模拟经营沙盘实训简介 … 1

任务一 ERP沙盘相关基础知识 … 2
- 一、ERP的含义及ERP沙盘模拟 … 2
- 二、ERP企业模拟经营沙盘实训课程 … 2

任务二 ERP企业模拟经营沙盘实训安排 … 5
- 一、ERP企业模拟经营沙盘实训学习目标及方法 … 5
- 二、ERP企业模拟经营沙盘实训时间安排 … 6

任务三 ERP企业模拟经营沙盘实训的课程设计 … 7
- 一、沙盘教具设计(以10组为例) … 7
- 二、课程体系设计 … 10
- 三、课程流程设计 … 10
- 四、课程角色换位 … 12
- 五、课程实训时间设计 … 12
- 六、课程考核体系设计 … 12

单元小结 … 15

第二单元 ERP企业模拟经营手工沙盘实训 … 17

任务一 组建团队 … 18
- 一、模拟企业组织结构 … 18
- 二、岗位认知 … 19
- 三、公司成立及CEO就职演讲 … 21

任务二 ERP手工沙盘模拟初始状态 … 21
- 一、生产中心初始状态 … 22
- 二、物流中心初始状态 … 23
- 三、财务中心初始状态 … 23
- 四、营销与规划中心初始状态 … 24

任务三 认清所要经营的企业 … 25
- 一、企业的经营成果 … 25
- 二、企业的财务状况 … 26
- 三、股东期望 … 28
- 四、新管理层接手企业 … 28

任务四 领会ERP手工沙盘实训规则 … 28
- 一、市场划分及市场准入规则 … 28
- 二、订货会议与订单争取 … 29
- 三、市场模板与订单条件 … 29
- 四、厂房购买、租赁与出售 … 31
- 五、生产线购买、调整与维护 … 32
- 六、产品研发与管理体系论证 … 33
- 七、原材料采购与支付 … 33
- 八、产品生产 … 33
- 九、产品成本 … 34
- 十、融资贷款与资金贴现 … 34
- 十一、综合费用与税金 … 35
- 十二、企业破产规则 … 35

任务五 读懂手工沙盘的市场预测(10组) … 35
- 一、本地市场预测分析 … 36
- 二、区域市场预测分析 … 37
- 三、国内市场预测分析 … 37
- 四、亚洲市场预测分析 … 38
- 五、国际市场预测分析 … 38

任务六 掌握企业经营实际模拟训练的基本流程 … 39
- 一、ERP企业经营实际模拟训练的任务清单 … 39
- 二、现金收支明细表 … 40

| 任务七 模拟企业教学年的运营实录……41
    一、教学年运作提示……42
    二、年初三项工作……42
    三、每季度执行的十三项工作……46
    四、年末执行的六项工作……55
    五、编制零教学年运营结束之后的会计报表……57
| 任务八 开始ERP企业模拟经营沙盘实验年与实训年……61
    一、企业实验年/实训年的初始状态……61
    二、实验年/实训年经营……63
    三、反思与总结……63
| 单元小结……63

第三单元 ERP企业模拟经营商战实训 65

| 任务一 商战沙盘简介……66
    一、商战沙盘的特点……66
    二、商战沙盘和手工沙盘的关系……66
| 任务二 商战沙盘企业经营的初始状态……67
    一、企业经营的初始状态……67
    二、经营前准备……67
| 任务三 商战沙盘的重要经营规则……68
    一、生产线……68
    二、折旧……68
    三、融资……68
    四、厂房……69
    五、市场准入……69
    六、ISO认证……70
    七、产品研发……70
    八、原材料……71
    九、紧急采购……71
    十、选单规则……71
    十一、竞单会……72
    十二、订单规则……74
    十三、取整规则……74
    十四、破产处理……74
    十五、税金、特殊费用项目……75
    十六、重要参数……75

| 任务四 商战沙盘的市场预测……75
    一、订货会市场预测……75
    二、竞单会市场预测……78
| 任务五 商战沙盘系统管理员端和教师端操作……79
    一、系统管理员端操作……79
    二、教师端操作……82
| 任务六 商战沙盘学生端操作……90
    一、登录系统……90
    二、企业注册……91
    三、流程运行任务……91
    四、特殊运行任务……102
| 任务七 商战实训中企业的运营流程……104
    一、企业运营流程表……105
    二、综合管理费用明细表……105
    三、利润表……106
    四、资产负债表……106
| 任务八 开始商战沙盘实验年与实训年……107
    一、企业实验年经营……107
    二、实训年经营……111
| 单元小结……111

第四单元 企业经营成功之道 113

| 任务一 工业革命与优秀企业经营之道……114
    一、创新……115
    二、管理与管理者……115
    三、股权结构设计……116
| 任务二 绘制传统制造业企业经营基本业务流程图……116
    一、读懂市场预测,制定好广告策略……117
    二、准确计算产能,做好选单准备……118
    三、综合考虑产能计划与采购计划,避免停工待料的情况出现……118
    四、编制现金预算表,保证企业正常运作……119
    五、制定合理战略规划,确保企业立于不败之地……120

任务三　企业经营的本质⋯⋯⋯⋯⋯122
　　一、企业经营目标⋯⋯⋯⋯⋯⋯122
　　二、企业经营本质概述⋯⋯⋯⋯122
任务四　企业综合评价⋯⋯⋯⋯⋯125
　　一、综合市场占有率——谁拥有市场
　　　　主动权⋯⋯⋯⋯⋯⋯⋯⋯⋯125
　　二、全成本分析——钱花在哪里了⋯126
　　三、本量利分析——生产什么产品、
　　　　产销多少才能赚钱⋯⋯⋯⋯129
　　四、杜邦分析体系——找出影响
　　　　利润的因素⋯⋯⋯⋯⋯⋯⋯129
单元小结⋯⋯⋯⋯⋯⋯⋯⋯⋯⋯⋯133

| 第五单元 | 经典案例分享 | 135 |

任务一　了解ERP沙盘竞赛举办情况⋯136
任务二　剖析经典策略⋯⋯⋯⋯⋯137
　　一、所有者权益增加的途径⋯⋯137
　　二、经典策略⋯⋯⋯⋯⋯⋯⋯⋯138
任务三　分享沙盘战术经验⋯⋯⋯142
　　一、战略规划⋯⋯⋯⋯⋯⋯⋯⋯142

　　二、资金筹集方式⋯⋯⋯⋯⋯⋯145
　　三、广告制定策略⋯⋯⋯⋯⋯⋯146
　　四、竞单规划⋯⋯⋯⋯⋯⋯⋯⋯148
　　五、交单规划⋯⋯⋯⋯⋯⋯⋯⋯148
　　六、材料采购规划⋯⋯⋯⋯⋯⋯149
单元小结⋯⋯⋯⋯⋯⋯⋯⋯⋯⋯⋯150

| 第六单元 | 用友ERP企业模拟经营沙盘实训记录表 | 151 |

项目一　用友ERP手工沙盘实训⋯⋯153
项目二　用友ERP商战沙盘实训⋯⋯180

| 附录 | | 205 |

附录A　手工沙盘实训辅助图表⋯⋯205
附录B　商战沙盘实训辅助图表⋯⋯218
附录C　2018年河南省本科沙盘省赛
　　　　竞赛资料⋯⋯⋯⋯⋯⋯⋯⋯223

| 参考文献 | | 239 |

第一单元

ERP企业模拟经营沙盘实训简介

单元目标：

- 学习ERP沙盘相关基础知识，了解"ERP企业模拟经营沙盘实训"课程的特色及课程涉及的内容。
- 了解课程的学习目标和学习方法，以及课程的时间安排。
- 理解"ERP企业模拟经营沙盘实训"课程的设计，主要包括沙盘教具、课程体系、课程流程、教学角色、实训时间和实训考核体系等的相关设计。

任务一　ERP沙盘相关基础知识
任务二　ERP企业模拟经营沙盘实训安排
任务三　ERP企业模拟经营沙盘实训的课程设计

看到"ERP企业模拟经营沙盘实训"这个课程名称，大家往往会疑惑：这是一门什么课？在本单元，首先让我们学习相关基础知识，了解课程的特色、课程涉及的内容、课程安排、课程体系及流程等，进而理解和掌握"ERP企业模拟经营沙盘实训"课程所蕴含的知识，以及学习这门课程能够在哪些方面获益。掌握"如何学习"才能深得其中的精髓。在模拟训练过程中，胜利者自会有诸多经验与感叹，而失败者则会在遗憾中领悟和总结。

任务一　ERP沙盘相关基础知识

一、ERP的含义及ERP沙盘模拟

ERP(enterprise resource planning)是企业资源计划的简称。企业资源包括厂房、设备、物料、资金、人员，甚至还包括企业上游的供应商和下游的客户等。企业资源计划的实质就是如何在资源有限的情况下，合理组织生产经营活动，降低经营成本，提高经营效率，提升竞争能力，力求做到利润最大化。因此，企业的生产经营过程也是对企业资源的管理过程。

沙盘是根据地形图、航空相片或实地地形，按一定的比例，用泥沙、兵棋和其他材料堆制的模型。沙盘最初源于军事作战指挥，它可以清晰地模拟真实的地形地貌，使作战指挥员不需要亲临现场就能清晰地总览全局，从而运筹帷幄并制定出最优的决策。ERP沙盘就是利用实物沙盘直观、形象地展示企业的内部资源和外部资源。通过ERP沙盘可以展示企业的主要物质资源，包括厂房、设备、仓库、库存物料、资金、职员、订单、合同等各种内部资源；还可以展示企业上下游的供应商、客户和其他合作组织，以及为企业提供各种服务的政府管理部门和社会服务部门等外部资源。一般来说，ERP沙盘展示的重点是企业内部资源。

模拟说明我们面对的不是一个真实的企业对象，而是具备了真实对象所拥有的主要特性的模拟对象。ERP沙盘模拟就是利用沙盘理念，采用现代管理技术手段——ERP来实现模拟企业真实经营，使学生在模拟企业经营中得到锻炼、启发和提高。

二、ERP企业模拟经营沙盘实训课程

"ERP企业模拟经营沙盘实训"是在充分调研ERP培训市场需求的基础上，汲取国内外咨询公司和培训机构的管理训练课程精髓而设计的企业经营管理实训课程。"ERP企业模拟经营沙盘实训"课程的主要内容是模拟企业运作。沙盘盘面代表相互竞争的模拟企业。模拟沙盘按照制造企业的职能部门划分职能中心，包括营销与规划中心、生产中心、物流中心和财务中心，各职能中心涵盖企业运营的所有关键环节。模拟经营沙盘实训以战略规划、资金筹集、市场营销、产品研发、生产组织、物资采购、设备投资与改造、财务核算与管理等部分为设计主线，把企业运营所处的内外环境抽象为一系列的规则，由若干个相互竞争的模拟企业，模拟5~6年的经营管理。它融理论与实践于一体、集角色扮演与岗位体验于一身的设计思想，使参与者在分析市场、制定战略、营销策划、组织生产、财务管理等一系列活动中，参悟科学的管理规律，培养团队精神，全面提升管理能力，多方位拓展知识体系，进而全面提升综合素质；同时，也可以让参与者对企业资源的管理过程有一个

实际体验。

(一) 课程的特色

与传统课程相比,"ERP企业模拟经营沙盘实训"课程具有鲜明的特色,具体如下。

1. 生动有趣

管理课程一般以理论加案例为主,比较枯燥,而且学生很难迅速掌握这些理论并应用到实际工作中,而通过沙盘模拟进行实训能增强娱乐性,使枯燥的课程变得生动有趣。通过模拟可以激起学习者的竞争热情,让他们有学习的动力——获胜!

2. 体验实战

这种沙盘模拟的实训方式将"企业""市场"搬进教室,让学习者在"做"中"学"。学习者可以切身体会深奥的商业思想,并触及商业运作的模式。这种体验式学习使学习者学会收集信息并在将来将其应用于实践。

3. 团队合作

这种沙盘模拟实训是有互动的。当学习者对沙盘模拟实训过程中产生的不同观点进行分析时,需要不停地进行对话。他们除了学习商业规则和财务语言外,还可以增强沟通技能,并学会如何以团队的方式工作。

4. 看得见,摸得着

学习者通过ERP沙盘模拟实训的亲身体验,透过企业经营的复杂外表,直探企业经营本质。本课程将企业结构和企业管理的操作全部展示在模拟沙盘上,将复杂、抽象的经营管理理论以最直观的方式让学习者体验、学习。完整生动的视觉效果将极为有效地激发学习者的学习兴趣,增强其学习能力。在课堂结束时,学习者会对所学的内容理解更透彻,记忆更深刻。

5. 想得到,做得到

ERP沙盘模拟实训以"问题"为核心,以"创业"为导向,学习者可以将平时学习中尚存疑问的决策带到课程中验证。在"ERP企业模拟经营沙盘实训"课程中模拟企业5~6年的全面经营管理,使学习者有充分的自由来尝试做出企业经营的重大决策,并且能够直接看到结果,这是在现实工作中少有的机会。

(二) 课程涉及的内容

1. 整体战略管理

企业首先要有明确的总体战略,然后要制定相应的经营战略。学习者经过模拟几年的经营管理,将学会用战略的眼光看待企业的业务和经营,保证业务与战略的一致,为企业总体战略目标的实现而努力。

整体战略管理的内容如下:

(1) 评估内部资源与外部环境,制定长、中、短期策略;

(2) 预测市场趋势,调整既定战略。

2. 生产管理

在模拟中,把企业的采购管理、生产管理、质量管理统一纳入生产管理领域,要制订采购计划，做出生产设备更新和生产线改良等决策，学习者将充分运用所学知识积极思考。

生产管理的主要内容如下：

(1) 产品研发决策；

(2) 原材料采购计划、决策；

(3) 选择获取生产能力的方式；

(4) 设备更新与生产线改良；

(5) 全盘生产流程调度决策，匹配市场需求、交货期和数量及设备产能；

(6) 库存管理及产销配合。

3. 市场营销管理

营销的目的归根结底就是满足客户需求。学习者在模拟企业5~6年的市场竞争对抗中，将学会如何分析市场变化，关注竞争对手情况，把握消费者需求，制定营销战略，定位目标市场，制订并有效实施销售计划，最终实现企业战略目标。

市场营销管理的主要内容如下：

(1) 市场开发决策；

(2) 新产品开发、产品组合与市场定位决策；

(3) 模拟在市场中短兵相接的竞标过程；

(4) 对同行进行间谍活动，抢占市场；

(5) 建立并维护市场地位。

4. 财务管理

在沙盘模拟过程中，学习者将熟练掌握资产负债表、利润表的结构；解读企业经营的全局；进行筹资管理和投资管理，提高资金使用效率；做好财务决策，组织好企业的财务活动。

财务管理的主要内容如下：

(1) 制订投资计划，评估应收账款金额与回收期；

(2) 预估长、短期资金需求，寻求资金来源；

(3) 掌握资金来源与用途，妥善控制成本；

(4) 洞悉资金短缺前兆，以最佳方式筹措资金；

(5) 分析财务报表，掌握报表重点与数据含义；

(6) 运用财务指标进行内部诊断，协助进行管理决策；

(7) 了解以有限资金扭亏为盈，创造高利润；

(8) 编制财务报表，结算投资报酬，评估决策效益。

5. 团队协作与沟通管理

沙盘模拟中每个团队经过初期组建、短暂磨合，逐渐形成团队默契，直至完全进入协作状态。在这个过程中，学习者可以学习如何在立场不同的部门间进行沟通协调，学会换位思考，为整体利益共同努力。

团队协作与沟通管理的主要内容如下：

(1) 实地学习如何在立场不同的各部门间沟通协调；

(2) 培养不同部门的共同价值观与经营理念；

(3) 建立以整体利益为导向的组织。

任务二　ERP企业模拟经营沙盘实训安排

一、ERP企业模拟经营沙盘实训学习目标及方法

(一) 学习目标

1. 拓展知识体系，提升管理技能

"ERP企业模拟经营沙盘实训"课程在欧美发达国家已流行三十多年，专为经济管理类专业学习者开设，目前我国也有越来越多的高等院校开设该课程。该实训课程强调学习者的主动性和积极性，解除以往传统教育的专业壁垒，拓宽学习者的发展空间，拓展学习者的知识体系，改变学习者的思维方式，提升学习者的管理技能。该实训课程的目的在于培养学习者综合运用已学知识亲自动手解决企业实际问题的能力，能够全面提高学习者的综合素质，效果较好。

2. 全面提升综合素质，增强自身竞争优势

"ERP企业模拟经营沙盘实训"作为企业经营管理仿真教学系统，除了在提升学习者专业知识和技能方面发挥作用外，还可以提高学习者的综合素质，增强其自身的竞争优势。在"ERP企业模拟经营沙盘实训"课程的学习过程中，学习者可以学会知己知彼、市场分析、竞争对手分析，树立共赢理念，在竞争中寻求合作；学会以企业总体最优为出发点，各司其职，相互协作，实现目标；学会遵守市场竞争规则、产能计划规则、生产线与厂房等具体业务的处理规则，建立诚信经营的理念；学会换位思考，更好地规划今后的职业生涯。

3. 实现认知飞跃，感悟人生际遇

在"ERP企业模拟经营沙盘实训"课程的学习过程中，学习者经历了从理论到实践再到理论的螺旋上升过程，可以把自己的宝贵实践经验转化为理论模型。学习者借助ERP沙盘推演自己的企业经营管理思路，每一次基于现场案例分析及基于数据分析的企业诊断，都会使学习者恍然大悟，达到磨炼其商业决策敏感度、提升其决策能力及长期规划能力的目的。同时，在市场的残酷与企业经营风险面前，是"轻言放弃"还是"坚持到底"，这不仅是企业可能面临的问题，更是在人生之路中需要不断抉择的问题，经营自己的人生与经营一家企业具有一定的相通性。

(二) 学习方法

为了使实训课程能够达到预期的效果，这里温馨提示学习者在该课程的学习过程中一定要注意以下"二十字"方针：知错能改、亲力亲为、落实行动、换位思考、团队协作。

1. 知错能改(深刻的痛容易铭记——心态乐观)

学习就是为了发现问题，进而努力寻求解决问题的手段。在实训的学习过程中，谁犯的错误越多，谁的收获也就越大，因此学习者不要怕犯错误，心态一定要乐观。

2. 亲力亲为(旁观者不受欢迎)

"ERP企业模拟经营沙盘实训"开体验学习之先河，每一位学习者，都要担任一定的

职能岗位，必须全程参与企业的经营过程，以获得经营企业的切身体验，体验企业经营的艰辛。因此，旁观者将不受欢迎。

3. 落实行动(仅有高见是不够的)

本课程带给学习者的是启迪、逻辑和法则，而企业是真实而具体的。只有落实于行动才能检验你学习到了什么，仅有高见是远远不够的。

4. 换位思考(要设身处地地为别人着想)

在实训过程中，学习者需要明确企业组织内每个角色的岗位责任，一般分为CEO(首席执行官)、营销总监、生产总监、采购总监、财务总监等主要角色。当班级人数较多时，学习者还可以适当增加商业间谍、财务助理等辅助角色。在5~6年的企业经营过程中，学习者可以进行角色互换，从而体验角色转换后考虑问题的出发点的相应变化，也就是学会换位思考，设身处地地为别人着想。

5. 团队协作(局部最优≠整体最优)

通过"ERP企业模拟经营沙盘实训"课程的学习，学习者可以深刻体会团队协作精神的重要性。在企业运营这样一艘大船上，CEO是舵手，财务总监保驾护航，营销总监冲锋陷阵……在这里，只有每一个角色都以企业整体最优为出发点，各司其职，相互协作，才能赢得竞争，实现目标。

二、ERP企业模拟经营沙盘实训时间安排

本教程适用于两周的综合沙盘实训，包括手工沙盘实训和商战沙盘实训两个阶段，每个阶段分别实训一周。本教程可以一学期连续两周上完，也可以分成两学期，每学期上一周，完成一个实训。现以两周(54学时)为例进行实训安排，如有需要可根据实际情况适度调整。

(一) 手工沙盘实训时间安排(第一周)

1. 周一(7课时)

(1) 课程介绍、实训动员、角色定位(3课时)。
(2) 实训规则介绍(3课时)。
(3) 零教学年(1课时)。

2. 周二(7课时)

(1) 补充编制报表的相关知识，了解如何编制各种预算表(1课时)。
(2) 实验年(热身赛)1~2年(6课时)。

3. 周三(6课时)

(1) 实训年1~2年。
(2) 学生代表总结发言，教师点评。

4. 周四(6课时)

(1) 实训年3~4年。
(2) 学生代表总结发言，教师点评。

5. 周五(6课时)

(1) 实训年5~6年。

(2) 学生代表总结发言，教师点评。

(3) 撰写手工实训报告(个人报告)。

本阶段实训结束。

(二) 商战沙盘实训时间安排(第二周)

1. 周一(5课时)

(1) 手工沙盘与商战沙盘的区别(1课时)。

(2) 实训规则介绍(2课时)。

(3) 学生端介绍，录入企业信息(1课时)。

(4) 零教学年(1课时)。

2. 周二(4课时)

(1) 了解如何编制各种预算表、整体规划(1课时)。

(2) 实验年(热身赛)1~2年(3课时)。

3. 周三(4课时)

(1) 实训年1~2年。

(2) 学生代表总结发言，教师点评。

4. 周四(4课时)

(1) 实训年3~4年。

(2) 学生代表总结发言，教师点评。

5. 周五(5课时)

(1) 实训年5~6年。

(2) 学生代表总结发言，教师点评。

(3) 撰写电子实训报告(团体报告)。

本阶段实训结束。

任务三　ERP企业模拟经营沙盘实训的课程设计

一、沙盘教具设计(以10组为例)

"ERP企业模拟经营沙盘实训"的教学以一套沙盘教具为载体。沙盘教具主要包括沙盘盘面10张，代表10个相互竞争的模拟企业。沙盘盘面按照制造企业的职能部门划分职能中心，包括营销与规划中心、生产中心、物流中心和财务中心。各职能中心覆盖企业运营的所有关键环节(战略规划、市场营销、生产组织、采购管理、库存管理、财务管理等)，是一个制造企业的缩影。用友手工沙盘盘面见图1-1。

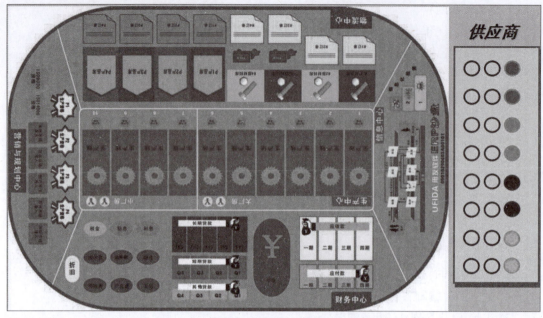

图 1-1　用友手工沙盘盘面

(一) 战略中心

成功的企业一定有明确的企业战略，包括产品战略、市场战略、竞争战略及资金运用战略等。CEO是企业的掌门人，而战略中心就是掌门人的指挥所，企业所有的重要决策都是从这里发出的，因此，战略中心很大程度上决定着企业战略的成败。

(二) 营销与规划中心

企业销售部门站在企业的最前端。市场营销就是企业用价值来不断满足客户需求的过程。在这里，学习者要注意分析市场，关注竞争对手，把握消费者需求，制定营销战略，定位目标市场，制订并有效实施销售计划，达到企业战略目标。

(三) 财务中心

财务中心相当于真实企业中财务、会计的结合体。这里主要由财务主管和财务助理承担有关财务、会计的各项任务。因此，学习者既要做好会计核算，又要做好财务管理，即管理好资金流动，做好各项财务报表与分析，进行资金预算与筹集等。

(四) 生产中心

生产中心是生产型企业的源头，所有产品都从这里生产出来。生产部门的任务是合理地估计产能，为营销主管确定广告费开支和竞争销售订单提供信息支持，而后合理安排产品研发、生产线更新，并根据销售订单合理安排生产。学习者要注意将采购管理、生产管理和质量管理统一纳入生产管理领域。

(五) 物流中心

物流中心包括两大部分：物资的采购管理与物资的库存管理。物流中心负责向供应商采购相应物料，及时、准确地按生产部门要求供料给生产部门，同时保持零库存状态。在ERP沙盘上，这是相对来讲最为简单的一个中心，但其实在真实企业里，采购和生产两个部门非常复杂，它们对企业的生产起着重要作用。

沙盘教具说明见表1-1。

表1-1 沙盘教具说明

职能中心	主要职能	所需道具	简要说明
营销与规划中心 (战略规划和营销规划)	市场开拓规划	5类市场标识牌：本地市场、区域市场、国内市场、亚洲市场和国际市场	可供企业选择需要开发哪些市场，市场开拓完成后换取相应的市场准入证
	产品研发规划	4种产品生产资格证标识牌：P1、P2、P3、P4	可供企业选择需要研发哪些产品，产品研发完成后换取相应的生产资格证
	ISO认证规划	两种国际认证标识牌：ISO9000质量认证和ISO14000环境认证	可供企业选择需要争取获得哪些国际认证，认证完成后换取相应的ISO资格证
生产中心 (生产组织)	厂房规划	两类厂房：大厂房和小厂房；大厂房内可建6条生产线，小厂房内可建4条生产线	可租、可购买、可变卖；已购买厂房的价值在厂房右上角处显示
	生产线规划（购买、变卖、折旧）	4种生产线标识牌：手工、半自动、全自动和柔性生产线	不同的生产线，其生产效率及灵活性不同；已购买的设备，其净值在"生产线净值"处显示
	产品生产规划	4种产品标识牌：P1、P2、P3、P4	表示企业正在生产的产品
物流中心 (采购管理和库存管理)	原材料采购规划	4种原材料彩币：R1、R2、R3、R4	1个彩币代表价值1M(百万元)；购买的材料，入库1个材料，需要财务支付1个灰币
	原材料订单规划	原材料有提前期，R1、R2提前1个季度；R3、R4提前两个季度	购买材料需要提前下订单，不允许反悔
	原材料库存规划	盘面设有4个原材料库，分别放置R1、R2、R3、R4原料	
	产成品库存规划	盘面设有4个产成品库，分别放置P1、P2、P3、P4产品	
财务中心 (会计核算和财务管理)	现金管理	设有现金库，用来存放现金	
	银行贷款管理	把装有相应数量现金的桶或放有纸条的空桶，放置在相应位置表示	长期贷款每年可贷1次，期限为2~5年；短期贷款每季度可贷1次，期限为1年以内
	应收账款管理	把装有相应数量现金的桶或放有纸条的空桶，放置在相应位置表示	应收账款账期：1~4季度
	综合费用管理	将发生的费用放到相应区域	广告费、利息、税费、折旧、管理费用、维护费等

二、课程体系设计

"ERP企业模拟经营沙盘实训"课程体系主要包括两个阶段,即手工沙盘实训阶段和商战沙盘实训阶段。二者的具体比较如表1-2所示。

表1-2 课程体系设计说明

课程阶段	阶段实训定位	课程性质	优点	缺点	硬件配置	软件配置
手工沙盘	完全采用道具和手工运算的方式完成企业经营过程。学生能够以看得见、摸得着、想得到、做得到的方式分析市场、制定战略、组织生产、进行整体营销和财务核算	基础实训	形象直观、灵活性高、经营气氛好、适合初学者、体验感很好	组织要求高、监控难度大,学生可能在实训时作弊、抄袭	沙盘道具	用友提供的专用Excel表格工具
商战沙盘	通过计算机软件,学生模拟操作企业的经营过程。学生能够以规范的方式体验企业运营流程,了解企业资源的有限性	进阶实训课程,前一阶段课程为手工沙盘课	计算机规范了操作过程,具有指引性,可提高企业经营效率,从而帮助学生深刻体会ERP管理思想,并且易于监控,不容易抄袭;可独立运行,也可自行结合手工实物沙盘运行	不够形象直观,学生现场体验感较差,只适合提高阶段及竞赛	计算机	商战系统

三、课程流程设计

"ERP企业模拟经营沙盘实训"课程的主体流程包括6个步骤,以10组为例进行设计。

(一)组织准备工作

组织准备工作是"ERP企业模拟经营沙盘实训"课程的首要环节。

1. 学生分组

每组一般为5~6人,全体学生组成10个相互竞争的模拟企业,可将10个模拟企业依次命名为A组、B组、C组、D组、E组、F组、G组、H组、I组、J组。

2. 角色分配

让学生分别担任CEO、财务总监、营销总监、生产总监、采购总监等主要角色。当班级人数较多时,还可以适当增加财务助理、商业间谍等辅助角色。在几年的经营过程中,学生可以进行角色互换,从而体验角色转换后考虑问题的出发点的相应变化,也就是学会换位思考。

3. 企业宣言

各企业CEO介绍其企业成员、企业名称、企业宣言。为了使课程能够达到预期的效果，教师需要提出要求，即诚信和亲力亲为。诚信是企业的生命，是企业生存之本。在企业经营模拟过程中，大家不要怕犯错误，学习就是为了发现问题，努力寻求解决问题的手段。在学习过程中，谁犯的错误越多，谁的收获可能就越大。

（二）基本情况描述

企业经营者需要对模拟的企业有一个基本了解，主要包括企业目前的财务状况、市场占有率、产品、生产设施、盈利能力等。一般以企业起始年的两张主要财务报表，即资产负债表和利润表为基本索引，逐项描述企业目前的财务状况和经营成果，并对其他相关方面进行补充说明。

（三）市场规则与企业运营规则

企业在一个开放的市场环境中生存，企业之间的竞争需要遵循一定的规则。企业需要综合考虑市场竞争及企业运营所涉及的方方面面，其主要方面如下：

(1) 市场划分与市场准入；
(2) 订货会议与订单争取；
(3) 市场模板与订单条件；
(4) 厂房购买、出售与租赁；
(5) 生产线购买、转产与维修、出售；
(6) 产品研发与管理体系论证；
(7) 产品生产、产品成本；
(8) 原材料采购与支付；
(9) 融资贷款与资金贴现；
(10) 综合费用与折旧、税金。

（四）初始状态设定

ERP企业模拟经营沙盘手工实训不是从创建开始，而是接手一个已经运营了3年的企业，需要把从基本情况描述中获得的企业运营的基本信息和数字具体地再现到沙盘盘面上，为下一步的企业运营做好铺垫。通过初始状态设定，学生可以深刻理解到财务数据是对企业运营状况的一种总结提炼，为今后"透过财务看经营"做好观念上的准备。

（五）企业经营竞争模拟

企业经营竞争模拟是"ERP企业模拟经营沙盘实训"课程的主体部分，是按照企业经营年度展开的。经营伊始，学生通过有关权威机构提供的市场预测资料，对每个市场每个产品的总体需求量、单价、发展趋势做出有效预测，然后在市场预测的基础上，讨论企业战略和经营战略。在CEO的领导下，企业按一定程序开展经营，做出所有重要事项的经营决策，决策的结果会在企业经营结果中得到直接体现。

(六) 现场案例解析

现场案例解析是"ERP企业模拟经营沙盘实训"课程的精华所在。每一年经营下来，企业管理者都要对企业的经营情况进行分析，深刻思考企业面临的环境、竞争对手的情况，考虑是否需要对企业战略进行调整。通过结合各个企业的情况，找出大家普遍困惑的地方，并对现场出现的典型案例进行深层剖析，用数字说话，从而让学习者感悟管理知识与管理实践之间的差距。

四、课程角色换位

在"ERP企业模拟经营沙盘实训"课程中，由于体验式教学方法和问题式教学方法的应用，打破了传统教学方法中教师和学生的角色定位，其角色随着课程展开的不同阶段而发生变化。课程不同阶段教师和学生所扮演的角色如表1-3所示。

表1-3 课程不同阶段教师和学生所扮演的角色

课程流程	具体任务	教师角色	学生角色
组织准备工作	组建团队，角色定位，企业宣言	引导者	认领角色
基本情况描述	了解企业基本概况	前任管理层	新任管理层
企业运营规则	熟悉实训规则	前任管理层	新任管理层
初始状态设定	企业运营起点	引导者	新任管理层
企业经营竞争模拟	战略制定	商务、媒体信息发布者	角色扮演
	融资	股东、银行家、借出高利贷者	角色扮演
	订单争取、交货	客户	角色扮演
	购买原料、下订单	供应商	角色扮演
	流程监督	审计人员	角色扮演
	规则确认	咨询顾问	角色扮演
现场案例解析	各企业互相观摩	评论家、分析家	角色扮演

五、课程实训时间设计

具体实训周的时间安排，在本单元任务二里已有阐述。每一实训年的具体时间安排如下：

(1) 制定年度经营规划及营销方案——30分钟；

(2) 各组按竞单规则选择订单——15分钟；

(3) 组织企业运营及财务关账——60分钟；

(4) 学生、教师进行业绩分析并点评——20分钟；

(5) 各企业互相观摩，进行商业间谍活动——10分钟。

六、课程考核体系设计

课程结束后，每个企业(组)都会有一个实训成绩，但这个成绩并不能充分反映学生的真实情况，有的企业(组)虽然破产了，但运营过程中，组员都非常积极地参与讨论，胜利者自会有诸多经验与感叹，而失败者则更会在遗憾中体会和总结。本教程设计了一种较为科学的成绩考核体系，综合实训课程考核体系详见表1-4。如果本教程分为两个学期分别上手工沙盘实训和商战沙盘实训课程，则考核体系详见表1-5和表1-6。

表1-4　综合实训课程考核体系

记分册项目	考核内容	百分比
平时成绩	学生的出勤率、参与讨论情况	20%
实训成绩	沙盘实训结果(手工阶段+电子阶段)	50%
实训报告成绩	综合实训报告的撰写	30%

表1-5　手工沙盘实训考核体系

记分册项目	考核内容	百分比
平时成绩	学生的出勤率、参与讨论情况	20%
实训成绩	手工沙盘实训结果	30%
实训报告成绩	个人实训报告的撰写	50%

表1-6　商战沙盘实训考核体系

记分册项目	考核内容	百分比
平时成绩	学生的出勤率、参与讨论情况	20%
实训成绩	商战沙盘实训结果	50%
实训报告成绩	团体实训报告的撰写	30%

其中，实训成绩是根据各企业的所有者权益、综合发展系数等对各个企业进行综合排名得出的。实训成绩评定的方式为

$$实训成绩 = 所有者权益 \times \left(1 + \frac{企业综合发展系数}{100}\%\right) - 罚分$$

手工沙盘模拟企业综合发展系数的计算方法，详见表1-7。

表1-7　手工沙盘企业综合发展系数计算方法

项目	计算方法/分
大厂房	+15
小厂房	+10
手工生产线	+5/条
半自动生产线	+10/条
全自动生产线/柔性生产线	+15/条
区域市场开发	+10
国内市场开发	+15
亚洲市场开发	+20
国际市场开发	+25

(续表)

项目	计算方法/分
ISO9000	+10
ISO14000	+10
P2产品研发	+10
P3产品研发	+10
P4产品研发	+15
本地市场老大	+15
区域市场老大	+15
国内市场老大	+15
亚洲市场老大	+15
国际市场老大	+15
高利贷扣分	
其他扣分	

商战沙盘模拟企业综合发展系数的计算方法，详见表1-8。

表1-8　商战沙盘企业综合发展系数计算方法

项目	计算方法/分
自动生产线	+8/条
柔性生产线	+10/条
本地市场开发	+7
区域市场开发	+7
国内市场开发	+8
亚洲市场开发	+9
国际市场开发	+10
ISO9000	+8
ISO14000	+10
大厂房	+10
中厂房	+8
小厂房	+7
P1产品研发	+7
P2产品研发	+8
P3产品研发	+9
P4产品研发	+10
其他扣分	

罚分可以由教师自行定夺，其主要影响因素有：
(1) 报表准确性；
(2) 关账是否及时；
(3) 广告投放是否及时等。

实训报告包括个人总结报告和团体总结报告。个人总结报告是指课程结束后每个同学上交的一份实训报告，内容包括这几天自己的深刻体会、经验，以及对在实践中应用的理论知识进行的总结与归纳。例如，本次培训过程中你印象最深的内容是什么；你认为做对或做错了哪些事、带来了什么结果；如果有机会继续经营或重来，你会如何做；你有什么感受和想法能带到明天的工作中。团体总结报告就是以团队的形式上交一份PPT，在进行全班总结时每个企业要站在团队全局的角度利用多媒体向全班同学边展示、边讲解，这也是经验共享的一个过程，内容包括本企业的企业文化、成员组成、整体战略、广告策略、市场定位、企业运营得失等。

单元小结

本单元主要介绍了ERP、ERP沙盘、ERP企业模拟经营沙盘实训等概念，分析了"ERP企业模拟经营沙盘实训"课程的特色，以及课程涉及的内容；分析了课程的学习目标、方法和实训课时安排；详细地介绍了ERP沙盘实训课程中的沙盘教具、课程体系、课程流程、教学角色、实训时间和实训考核体系等。

第二单元

ERP企业模拟经营手工沙盘实训

单元目标：

- 组建团队，了解企业与企业的组织架构及各角色的职能，深刻认识你所担任角色的岗位职责。
- 了解模拟经营企业的基本概况，认清所要经营的企业；认清沙盘模拟企业与真实企业之间的关系。
- 熟练掌握竞赛规则，读懂市场预测分析图。
- 掌握制造企业的内部运营流程，学会记录各项活动，能准确编制资产负债表和利润表。
- 通过ERP企业模拟经营手工沙盘实训对企业经营的本质有更深刻的认识。

任务一　组建团队
任务二　ERP手工沙盘模拟初始状态
任务三　认清所要经营的企业
任务四　领会ERP手工沙盘实训规则
任务五　读懂手工沙盘的市场预测(10组)
任务六　掌握企业经营实际模拟训练的基本流程
任务七　模拟企业教学年的运营实录
任务八　开始ERP企业模拟经营沙盘实验年与实训年

在模拟企业实战之前，你一定很想了解自己将接手的是一家怎样的企业，自己将在企业中担任什么样的职位、负有怎样的责任，企业所属行业及企业的内外部环境等是什么情况。在开始模拟竞争之前，管理层必须了解并熟悉这些规则，才能做到合法经营，在竞争中求生存、求发展。

任务一　组建团队

组建团队的实验需要3步：首先是学生分组，将每一个班级的学生分为10组，每组成员一般5~6人，这样教学现场就组成了10个相互竞争的模拟企业；其次是角色分工，每个企业先推选出CEO(可通过小游戏，也可通过岗位竞选演讲等)，然后在CEO的带领下，确定其他角色，同时各个角色明确自己的岗位职责，做到分工协作；最后是各个CEO带领本企业的各部门总监为企业命名，代表本企业发表就职演说，进而确定企业的宗旨和经营理念。

一、模拟企业组织结构

组建团队是企业经营管理的核心内容。在ERP沙盘对抗实训中，要将班级的学生分成若干个团队，团队就是由若干技能互补、愿意为了共同的目的和业绩目标而一起努力的人组成的群体。

在创建之初，任何一家企业都要建立与其企业类型相适应的组织结构。企业组织结构是企业全体职工为实现企业目标，在管理工作中进行分工协作，在职务范围、责任、权利方面形成的结构体系。组织结构是保证企业正常运转的基本条件。"ERP企业模拟经营沙盘实训"课程采用简化企业组织结构的方式，企业组织有5个主要角色代表，包括CEO、财务总监、采购总监、生产总监和营销总监，如图2-1所示。如果班级人数较少，则可一人兼多职，如生产总监和采购总监由一人兼任；若人数较多，则可在CEO、财务总监、采购总监、生产总监、营销总监等角色确定后，考虑设置财务助理、采购助理、生产助理、营销助理、商业间谍等角色。

图2-1　简化的组织结构

二、岗位认知

(一) CEO

在经营过程中需要做出各种决策，这就需要CEO能够统领全局，协调各部门之间的关系，充分调动每个成员的积极性；还要能够做出正确的决策，对整体运营负责。因此，担任CEO职务的人应该具备比较强的协调能力、组织能力和大局观念，当大家意见不同、争执不休时，能迅速拍板做决定；还要在每年年末根据企业的经营情况向本组成员做经营报告，并提出下一年的经营目标。

(二) 财务总监

如果说资金是企业的血液，那财务部门就是企业的心脏。在企业中，财务与会计的职能常常是分离的，它们有着不同的目标和工作内容。会计主要负责日常现金收支管理，定期检查企业的经营状况，核算企业的经营成果，制定预算及对成本数据进行分类和分析。财务的职责主要包括：资金的筹集、管理；做好现金预算；管好、用好资金。在这里，我们将财务与会计的职能归并到财务总监这一角色，其主要任务是：管好现金流，按需求支付各项费用、核算成本，每年年末负责编制出企业经营期的资产负债表和利润表呈交给CEO审查，对外公布，并做好财务分析；进行现金预算，采用经济有效的方式筹集资金，将资金成本控制在较低水平。财务总监要参与企业重大决策方案的讨论，如设备投资、产品研发、ISO认证等，保证所有业务的资金需求，确保现金流不短缺。因为公司的每一笔资金都要经过财务部门，所以担任财务总监的成员必须比较细心，且有耐心，熟悉财务的相关知识。

(三) 营销总监

企业的利润是由销售收入带来的，实现销售是企业生存和发展的前提。营销总监在这里主要负责开拓市场、实现销售。其任务是负责参加每年年初的产品订货会，并决定广告费的开支和竞争销售订单，有选择地开拓除本地市场外的区域市场、国内市场、亚洲市场和国际市场，申请ISO9000和ISO14000质量体系认证，将企业生产的各种产品销售到市场上，为企业获得尽可能多的利润。营销总监在企业中的地位不言而喻，故担任营销总监的成员必须有纵观全局、深谋远虑的能力，对市场的分析能力强，了解竞争对手，对客户的需求有很强的敏感度，能够按订单完成销售，性格开朗，公关能力强，掌握一定的营销学知识。

(四) 生产总监

生产总监是企业生产部门的核心人物，对企业的一切生产活动进行管理，并对企业的一切生产活动及产品负最终责任。生产总监既是计划的制订者和决策者，又是生产过程的监控者，对企业目标的实现负有重大责任。他的工作是通过计划、组织、指挥和控制等手段实现企业资源的优化配置，创造最大经济效益，故担任生产总监的成员必须细心、思路清晰，应变能力强，与营销总监、采购总监和财务总监沟通良好。

(五) 采购总监

采购是企业生产的首要环节。采购总监负责把控采购环节,分析各种物资供应渠道及市场供求变化情况,力求从价格上、质量上把好第一关,确保在合适的时间点,采购合适的物资,为企业生产做好后勤保障。采购中心负责向供应商采购相应物料,并及时、准确地按生产部门的要求供料给生产部门,同时保持零库存状态。此环节如果出现差错,会直接影响之后的生产,而生产的产品数量又会影响交单的情况,故担任采购总监的成员必须细心、思路清晰、应变能力强,切记不要造成"停工待料"的局面,一定要做好后勤保障工作。

各组学生要按照自身角色所应承担的岗位职责进行经营活动,必须把自己的工作做好,做到各司其职。任何一个小环节的疏漏,都有可能导致满盘皆输。在模拟企业中主要设置5个基本职能部门(可根据学生人数适当调整),各角色的岗位职责如表2-1所示。

表2-1 各角色的岗位职责明细表

CEO	财务总监	营销总监	生产总监	采购总监
制定发展战略	日常财务记账和登账	市场调查分析	产品研发管理	编制采购计划
竞争格局分析	向税务部门报税	市场进入策略	管理体系认证	供应商谈判
经营指标确定	提供财务报表	品种发展策略	固定资产投资	签订采购合同
业务策略制定	日常现金管理	广告宣传策略	编制生产计划	监控采购过程
全面预算管理	企业融资策略制定	编制销售计划	平衡生产能力	仓储管理
管理团队协同	成本费用控制	争取订单与谈判	生产车间管理	采购支付抉择
企业绩效分析	资金调度与风险管理	按时交货		与财务部协调
管理授权与总结	财务分析与协助决策	销售绩效分析与产品外协管理		与生产部协同

各组学生可以根据自己的专长选择不同的职能部门,当班级人数较多时,可设置多个助理职位,如财务助理等。各组学生确定好角色后,应按图2-2所示,重新换位落座。

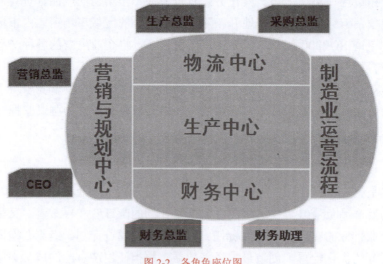

图2-2 各角色座位图

各角色之间要善于交流，团队成员之间知识、能力、经历的不同会使得各角色在对待和处理问题时产生不同的想法。交流是协调的开始，应把自己的想法说出来，同时听对方的想法，可以经常说"你看这事该怎么办，我想听听你的看法"之类的话。总之，作为一名员工应该做到坦诚而不轻率，谨慎而不拘泥，活泼而不轻浮，豪爽而不粗俗，这样才能和其他团队成员融洽相处，提高自己团队的作战能力。

> ❖ **提示：**
> 为了更好地体验角色的职责有何不同，在课程进行的不同阶段，各组学生可以互换角色，以熟悉不同职位的工作内容及流程。

三、公司成立及CEO就职演讲

在公司成立之后，每个小组要召开第一次员工大会，大会由CEO主持。在这次会议中要为自己组建的公司命名，学员还要集体讨论确定企业的宗旨和经营理念等问题。公司名称对一家企业未来的发展至关重要，因为公司名称不仅关系到企业在行业内的影响力，还关系到企业所经营的产品投放市场后，消费者对企业的认可度。品牌名称或公司名称如果符合行业特点，有深厚的文化底蕴，又容易被广大消费者记住，企业的竞争力就会明显区别于行业内的其他企业，从而为打造知名品牌奠定基础。因此，各小组要为自己的企业起一个响亮的名字。小组讨论结束后，由CEO代表自己的公司进行就职演讲，介绍公司名称及成员，阐述自己公司的使命与目标等，为下一步具体经营管理企业打下良好基础。

任务二 ERP手工沙盘模拟初始状态

根据企业运营的基本信息，把企业的初始状态设定再现到沙盘的盘面上，由此为下一步的企业运营做好铺垫。通过初始状态设定，学生可以深刻地感受到财务数据与企业业务的相关性，理解财务数据是对企业运营状况的一种总结提炼，为今后"透过财务看经营"做好观念上的准备。

在ERP企业模拟经营沙盘实训中，以Q(季度)为经营时间单位，1Y(年)分成4Q。ERP企业模拟经营沙盘实训中需要的经营要素如图2-3所示。以灰币表示现金(资金)，一个灰币代表1M(百万元)；红、黄、蓝、绿4种彩币表示原料，分别代表R1、R2、R3、R4，每种原料价值1M；以灰币和彩币的组合表示产品(仓库中)或在制品(生产线上)；以空桶正放表示原材料订单，以空桶倒扣表示贷款。下面我们按照沙盘盘面上的各职能中心，来设定企业的初始状态。

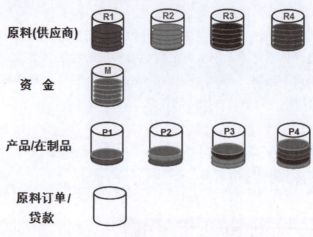

图 2-3　ERP 企业模拟经营沙盘实训中需要的经营要素

一、生产中心初始状态

　　企业拥有自主厂房——大厂房，价值40M。生产总监将等值的资金用桶装好(两桶灰币)放置于大厂房的价值处。企业创办三年来已购置三条手工生产线和一条半自动生产线，安装在大厂房，都生产P1产品，每条生产线上各有一个P1产品在生产。手工生产线有三个生产周期，靠近原材料库的为第一周期，三条手工生产线上的三个P1在制品分别位于第一、第二、第三周期。半自动生产线有两个生产周期，P1在制品位于第一周期。生产总监把四条生产线和四个产品生产标识摆放在相应位置。每个P1产品的成本由两部分构成：R1原材料费1M和人工费1M，取一个空桶放置一个R1原材料费(红色币)和一个人工费(灰色币)构成一个P1在制品。由生产总监、采购总监与财务总监配合制作四个在制品P1并摆放到生产线的相应位置。手工生产线每条原值5M，半自动生产线每条原值8M，扣除折旧后其目前的净值分别为3M和4M，因此生产总监取四个空桶，分别置入3M、3M、3M、4M，并放置于沙盘大厂房的1~3号生产线(三条手工生产线)和4号生产线(一条半自动线)的生产线净值处。这样，机器与设备价值共计13M。生产中心初始状态如图2-4所示。

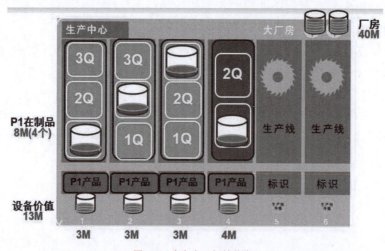

图 2-4　生产中心初始状态

二、物流中心初始状态

P1产品库中有3个P1产品，每个P1产品同样由1M的R1原材料和1M的加工费组成，每个产品价值2M，共计6M。由采购总监制作3个P1产品并摆放到P1的产品库中。R1原材料库中有3个R1原材料，每个价值1M，共计3M。由采购总监取3个空桶，每个空桶中分别放置1个R1原材料，并摆放到R1原材料库中。除以上需要明确表示的价值外，还有已向供应商发出的采购订单，预订R1原材料两个，采购总监将两个空桶放置到R1原料订单处。物流中心初始状态如图2-5所示。

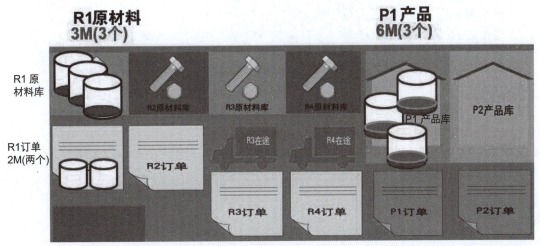

图2-5 物流中心初始状态

三、财务中心初始状态

财务总监拿出一满桶灰币(共计20M)放置于现金库位置。为获得尽可能多的客户，企业一般采用赊销政策，即允许客户在一定期限内缴清货款而不是货到付款。应收账款是分账期的，应收账款账期的单位为季度。离现金库最近的一期为一账期，最远的为四账期。财务总监拿一个空桶，装15个灰币，置于应收账款三账期的位置。企业有40M长期借款，分别位于长期借款的第三年和第四年。我们约定每个空桶代表20M，财务总监将两个空桶倒扣放于第三年和第四年的位置。财务中心初始状态如图2-6所示。对于长期借款来说，沙盘上的纵列代表年度，离现金库最近的为第一年，以此类推。对于短期借款来说，沙盘上的纵列代表季度，离现金库最近的为第一季度。

❖ 提示：

为了方便教师监控应收账款，也可在空桶里放一张应收账款的单据，账款到期后可以在教师处换领同等价值的灰币。

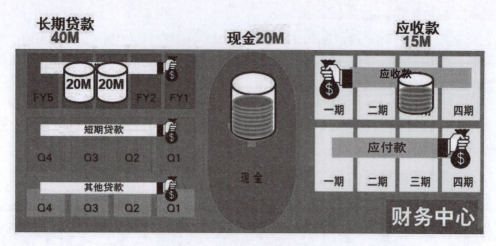

图 2-6 财务中心初始状态

四、营销与规划中心初始状态

营销与规划中心初始状态如图2-7所示。企业已经取得P1生产资格，拥有本地市场准入证。至此，企业初始状态设定完成。

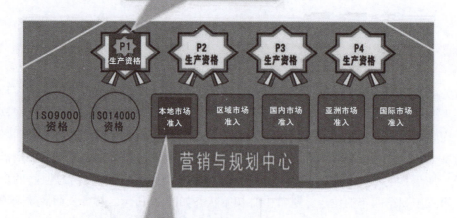

图 2-7 营销与规划中心初始状态

企业沙盘初始状态如图2-8所示。经过所有初始状态的设置后，沙盘盘面包括的内容如下：大厂房，价值40M；生产线4条，价值13M；成品库3P1，价值6M；生产线4P1，价值8M；原材料库3R1，价值3M；现金，价值20M；应收账款3Q，价值15M；长期负债3Y，价值20M，长期负债4Y，价值20M。

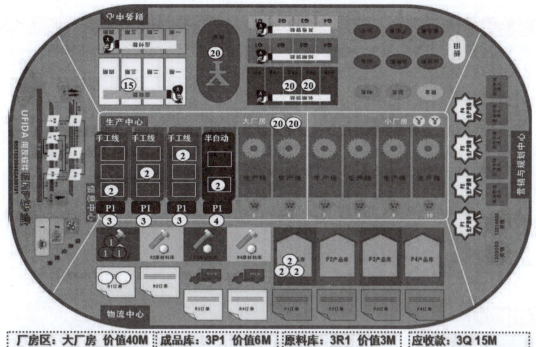

图 2-8 企业沙盘初始状态

> ❖ **提示：**
>
> (1) 长期贷款以年为单位，最长可以借5年，越靠近现金，还款日期越早。应收账款及短期贷款均以季度为单位。应收账款再过3个季度可以收现。
>
> (2) 教师可在开始该任务实训之前，让学生提出对企业感兴趣的10~20个问题，再通过摆盘面、讲解规则来回答学生们提出的问题。

任务三　认清所要经营的企业

本企业是一家典型的制造企业，创建已有3年，一直专注于某行业P产品的生产与经营，目前生产的P1产品在本地市场的知名度很高，客户也很满意。同时，企业拥有自己的厂房，生产设施齐备的状态良好。

一、企业的经营成果

企业在一定期间的经营成果表现为企业在该期间所取得的利润，它是企业经济效益的综合体现，通过利润表中的数据来体现。利润表是用来反映收入与费用相抵后确定的企业经营成果的会计报表。利润表的项目主要分为收入和费用两大类。

在"ERP企业模拟经营沙盘实训"课程中，根据课程设计所涉及的业务对利润表中的项目进行了适当简化，形成了如表2-2所示的简易利润表，表中数据为本企业目前的经营成果。

表2-2 简易利润表

项目	运算符号	金额/百万元
销售收入	+	35
直接成本	−	12
毛利	=	23
综合费用	−	11
折旧前利润	=	12
折旧	−	4
支付利息前利润	=	8
财务收入/支出	+/−	4
额外收入/支出	+/−	
税前利润	=	4
所得税	−	1
净利润	=	3

❖ **提示：**

销售收入主要指主营业务收入。直接成本主要指主营业务成本。毛利主要指主营业务利润。综合费用主要包括营业费用和管理费用等。折旧：利润表中管理费用、营业费用及主要业务成本已含折旧，这里折旧单独列示。支付利息前利润是指营业利润。财务收入/支出是指财务费用，包括利息和贴息。额外收入/支出是指营业外收入/支出。税前利润是指利润总额。所得税费为利润总额与所得税税率之积。净利润是指税后利润，税后利润等于利润总额减去所得税税额。

二、企业的财务状况

所谓财务状况，是指企业资产、负债、所有者权益的构成情况及其相互关系。企业的财务状况通过企业对外提供的主要财务报告——资产负债表来表述。资产负债表是根据资产、负债和所有者权益之间的相互关系，即"资产=负债+所有者权益"的恒等关系，按照一定的分类标准和一定的次序，把企业特定日期的资产、负债、所有者权益3项会计要素所属项目适当排列，并对日常会计工作中形成的会计数据进行加工、整理后编制而成的，其主要目的是反映企业在某一特定日期的财务状况。通过资产负债表，可以了解企业所掌握的经济资源及其分布情况，了解企业的资本结构，分析、评价、预测企业的短期偿债能力和长期偿债能力，正确评估企业的经营业绩。

在"ERP企业模拟经营沙盘实训"课程中，根据课程设计所涉及的业务对资产负债表中的项目进行了适当的简化，形成了如表2-3所示的简易资产负债表，表中数据为本企业目前的财务状况。

表2-3　简易资产负债表

资产	运算符号	金额/百万元	负债和所有者权益	运算符号	金额/百万元
流动资产：			负债：		
库存现金	+	20	长期负债	+	40
应收账款	+	15	短期负债	+	0
在产品	+	8	应付账款	+	0
产成品	+	6	应交税费	+	1
原材料	+	3	一年内到期的长期负债	+	0
流动资产合计	=	52	负债合计	=	41
固定资产：			所有者权益：		
土地和建筑	+	40	股东资本	+	50
机器与设备	+	13	利润留存	+	11
在建工程	+	0	年度净利	+	3
固定资产合计	=	53	所有者权益合计	=	64
资产总计	=	105	负债和所有者权益总计	=	105

我们可以结合任务二中图2-8企业沙盘初始状态的盘面来解读该报表。流动资产是企业在一年或一个营业周期内变现或者耗用的资产，它主要包括货币资金、短期投资、应收款项和存货等。我们模拟的这家企业的流动资产分布如下：沙盘现金区域有现金1桶，价值20M；沙盘应收账款区域有应收账款，金额为15M，账期为3账期；大厂房的4条生产线上各有1个在产品P1，价值合计8M；P1成品库中有3个P1产品，每个价值2M，共计6M；R1原料库中有3个R1原材料，每个价值1M，共计3M。综合以上5项，企业流动资产共计52M。

固定资产是指使用期限较长、单位价值较高，并且在使用过程中保持原有实物形态的资产，包括房屋、建筑物、机器设备和运输设备等。我们模拟的这家企业的固定资产分布如下：企业拥有1个大厂房，价值40M；企业拥有手工生产线3条，每条净值3M，半自动生产线1条，净值4M，所以机器与设备的价值共计13M；目前，企业没有在建工程，也就是说没有新生产线的投入或改建。综合以上3项，企业固定资产共计53M。

企业负债可分为短期负债和长期负债。短期负债是指在一年内或超过一年的一个营业周期内需用流动资产或其他流动负债进行清偿的债务，而长期负债是指偿还期限在一年以上或者超过一年的一个营业周期以上的债务。我们模拟的这家企业的负债分布如下：在沙盘盘面上，有4年到期的长期负债20M，3年到期的长期负债20M，因此企业长期负债共计40M；目前，企业没有短期负债，没有应付账款；根据纳税规则，目前企业有应交税费——应交所得税1M(数据来自当年的利润表)。综合以上4项，企业负债共计41M。

所有者权益是指企业投资者对企业资产的所有权，在数量上表现为企业资产减去负债后的差额。所有者权益表明企业的所有权关系，即企业归谁所有。我们模拟的这家企业的所有者权益分布如下：企业股东资本为50M，在没有增资或减资的情况下，股东资本始终保持不变；目前，企业利润留存为11M；本年度，企业净利润为3M。综合以上3项，企业所有者权益共计64M。

三、股东期望

最近，一家权威机构对该行业的发展前景进行了预测，认为P产品将会从目前的相对低水平产品发展为高技术产品，但从该企业的财务状况和经营成果来看，该企业目前的生产设备陈旧，产品、市场较单一；企业管理层长期以来墨守成规地经营，导致企业已缺乏必要的活力，目前虽尚未衰败但也近乎停滞不前。为此，公司董事会及全体股东决定将企业交给一批优秀的新人去发展，并对新的管理层提出以下几点希望：

(1) 投资新产品的开发，使公司的市场地位得到进一步提升；
(2) 开发本地市场以外的其他新市场，进一步拓展市场领域；
(3) 扩大生产规模，采用现代化生产手段，努力提高生产效率；
(4) 增强企业凝聚力，形成鲜明的企业文化，加强团队建设，提高组织效率。

四、新管理层接手企业

组建企业管理团队后，企业管理团队将领导公司未来的发展，在变化的市场中进行开拓，应对激烈的竞争。企业能否顺利运营下去取决于管理团队的决策能力。每个团队成员在做决策时应尽可能利用已有的知识和经验，不要匆忙行动而使企业陷入混乱。

即将走马上任的领导班子应尽可能了解企业的基本情况，包括股东期望，以及企业目前的财务状况和经营成果、市场占有率、产品、生产设施、盈利能力、偿债能力等，这些对于开展未来的管理工作是非常重要的。

任务四 领会ERP手工沙盘实训规则

企业是社会经济的基本单位，企业的发展要受自身条件和外部环境的制约。企业的生存与企业间的竞争不仅要遵守国家的各项法规及行政管理规定，还要遵守行业内的各种约定。在开始企业模拟竞争之前，管理层必须了解并熟悉这些规则，这样才能做到合法经营，才能在竞争中求生存、求发展。学习规则是比较枯燥的，但却非常重要。只有懂得规则，才能游刃有余；只有认真对待，才能有所收获；只有积极参与，才能分享成就。

一、市场划分及市场准入规则

企业目前在本地市场经营，新市场包括区域、国内、亚洲、国际市场。不同市场投入的费用及时间不同，只有市场投入全部完成后才可接单。市场准入规则详见表2-4。

表2-4 市场准入规则

市场	开拓费用	持续时间
区域	1M	1年
国内	2M	2年
亚洲	3M	3年
国际	4M	4年

> **提示：**
>
> (1) 市场开发投资按年度支付，允许同时开发多个市场，但每个市场每年最多投资1M，不允许加速投资，但允许中断，市场开发完成后持开发费用在指导教师处领取市场准入证，之后才允许进入该市场选单。
>
> (2) 对于所有已进入的市场，要想在该市场销售产品，每年最少需要投入广告费1M用于维持，否则视为当年放弃该市场，即当年不能在该市场销售任何产品。

二、订货会议与订单争取

每年年初各企业的营销总监与客户见面并召开订货会议，根据市场地位、市场投入、市场需求及竞争态势，按规定程序领取订单。

(1) 市场领导者(上年销售额排名第一位且无违约)首先挑选订单。

(2) 在当前市场上，按该项产品的广告投放量依次挑选订单。

(3) 如果广告投放量相同，则由当前市场全部产品的总广告额(即 P1、P2、P3 和 P4 的广告费之和)较高者先挑选订单。

(4) 如果总广告额仍相同，按上一年的销售额决定市场排名，上一年市场地位较高者优先挑选。

(5) 如仍无法决定，由先打广告者优先选单。

(6) 如仍无法决定，由非公开招标方式决定订单的归属。

> **提示：**
>
> (1) 市场地位是针对每个市场而言的。企业的市场地位根据上一年度各企业的销售额排列，销售额最高的企业称为该市场的"市场领导者"，俗称"市场老大"。某市场领导者的订单优先权针对该市场的所有产品，对该市场的哪一个产品投放广告，哪一个产品就有优先选单权利。
>
> (2) 营销总监参加订货会之前，需要计算企业的可接单量。企业可接单量主要取决于现有库存和生产能力，因此产能计算的准确性直接影响销售交付。另外，财务总监还需要做出资金预算，判定是否有足够的资金支持本年的运行，完成经营目标。
>
> (3) 每年只有一次客户订货会，也就是每年只有一次获取订单的机会。

三、市场模板与订单条件

市场开拓完成后可取得相应的市场模板，通过ISO认证后可有选择性地投入ISO宣传广告，广告投入应分配到每个具体的市场。投入广告费1M有一次选择订单的机会，以后每增加2M可增加一次选单机会。有ISO要求的订单必须有相应的资质，在ISO宣传广告投入后方可接单。ISO宣传广告在哪个市场宣传就在哪个市场投入1M即可，对该市场的所有产品均有效。手工订单如图2-9所示。订单下部一般标注企业对加工单位的资质要求及特殊交货期。资质要求包括ISO9000和ISO14000两种。特殊交货期指的是交货加急，加急订单必须在第一季度交货，普通订单可在当年任意季度交货。

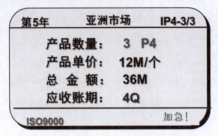

图2-9 手工订单

（一）关于订单选取的几点提示

(1) 无论投入多少广告费，每次都只能选一张订单，然后等待下一轮选单机会。投入1M，最多能拿1张订单；投入3M，最多能拿2张订单；投入5M，最多能拿3张订单；以此类推。能否如愿拿到订单，主要取决于市场需求、竞争态势等。

(2) 投入2M与投入1M的效果是一样的，都只有一次选择订单的机会，只是投入2M的比投入1M的优先选择。

(3) 各企业应根据相应产能、设备投资计划选取订单，避免接单不足导致设备闲置或盲目接单导致无法按时交货。选单完毕，及时填写订单登记表。

(4) 订单应收账款的账期若不为0，其收现时间从实际交货季度算起，即越早交货，越早收现；若账期为0，则交货时直接收到现金。

（二）关于竞单表填写的几点提醒

(1) 产品未开发完成可以投放广告，但要弄清楚当年要不要、能不能在该市场销售该产品。

(2) 若希望获得有ISO要求的订单，除有相应认证资格外，还要求在对应的ISO栏中投入1M广告费，两个条件均具备，才能得到这张订单。

(3) 表2-5广告竞单表中的"9K"和"14K"分别指"ISO9000"和"ISO14000"认证，这两栏的广告投入对整个市场的所有产品均有效。

表2-5 广告竞单表

项目	市场				
	本地	区域	国内	亚洲	国际
P1					
P2					
P3					
P4					
9K					
14K					

（三）关于逾期交货、订单违约的处理

(1) 如果不守信用，则市场地位下降一级；如果本年的"市场老大"没有按期交货，则

市场地位下降一级，下一年该市场没有"市场老大"。

(2) 下一年该逾期的订单必须最先交货，交完该订单的货后方可再交其他订单的货；如果次年仍然不能交货，客户有权无条件收回该张订单。

(3) 当年年末扣除该张订单销售总额的25%(向下取整)作为违约金。

案例：某年本地市场竞单实际操作(以P3为例)如图2-10所示，假定产能足够，请学生自己做出分析。

第四年——A 组（本地）

产品	广告	订单总额	数量	ISO9000	ISO14000
P1					
P2					
P3	2			1	
P4					

第四年——B 组（本地）

产品	广告	订单总额	数量	ISO9000	ISO14000
P1					
P2					
P3	5			1	
P4					

第四年——C 组（本地）

产品	广告	订单总额	数量	ISO9000	ISO14000
P1					
P2					
P3	1				1
P4					

本地市场
2 P3
8.5M/个
= 17M
账期：4Q

本地市场
4 P3
8M/个
= 32M
账期：2Q
ISO9000

本地市场
2 P3
9 M/个
= 18 M
账期：1Q
ISO14000

本地市场
3 P3
7.6M/个
= 23 M
账期：4Q

图 2-10　某年本地市场竞单实际操作(以P3为例)

四、厂房购买、租赁与出售

企业最多可以使用大厂房和小厂房各一个，年底决定厂房是购买还是租赁，购买后将购买价放在厂房价值处。厂房不提折旧，厂房可随时出售，出售后将出售价放在账期为4Q的应收账款处，租赁厂房每年年末支付租金。厂房规则如表2-6所示。

表2-6　厂房规则

厂房	买价	卖价	租金	生产线容量
大厂房	40M	40M(4Q)	5M/年	6条生产线
小厂房	30M	30M(4Q)	3M/年	4条生产线

◆ **提示**：

企业最多可以使用一大一小两个厂房；企业在新建生产线之前，必须以买或租的方式获得厂房；生产线不可以在不同厂房之间移动位置。

五、生产线购买、调整与维护

企业目前拥有三条手工线、一条半自动线，以后可以考虑更新设备或投资新生产线，新生产线在购买时按购买价格在安装周期内平均支付。所有生产线都能生产所有产品，半自动线和全自动线需要停产一定周期，并支付转产费用，手工线和柔性线转产时不需要停产及支付费用，不同生产线生产不同产品需要支付的加工费也不同。生产线也可以出售，出售时按残值计价。生产线相关规则如表2-7所示。

表2-7 生产线相关规则

生产线	购买价格	安装周期	维护费用	残值	生产周期	转产周期	转产费用	P1加工费	P2加工费	P3加工费	P4加工费
手工线	5M	无	1M	1M	3Q	无	无	1M	2M	3M	3M
半自动线	8M	2Q	1M	2M	2Q	1Q	1M	1M	1M	2M	2M
全自动线	16M	4Q	1M	4M	1Q	2Q	4M	1M	1M	1M	1M
柔性线	24M	4Q	1M	6M	1Q	无	无	1M	1M	1M	1M

❖ 提示：

（1）购买：投资新生产线时按安装周期平均支付投资，全部投资到位的下一季度领取产品标识，开始生产。

（2）转产：现有生产线转产新产品时可能需要一定的转产周期并支付一定的转产费用，最后一笔转产费用到位一个季度后方可更换产品标识；手工线、柔性线可以生产任何产品，无转产周期，不需要支付转产费用。

（3）维护：当年在建的生产线和当年出售的生产线不用交维护费。

（4）出售：出售生产线时，如果生产线净值等于残值，则将净值转换为现金，如果生产线净值大于残值，则将相当于残值的部分转换为现金，将差额部分作为费用处理，计入营业外支出；在建及在产的生产线不可以变卖，转产中的生产线可以变卖。

（5）折旧：按平均年限法(直线法)计算折旧。当年建成的生产线不提折旧；当年减少的生产线计提折旧。当净值等于残值时，生产线不再计提折旧，但可以继续使用。为简化核算，手工线每年折旧1M，半自动线每年折旧2M，全自动线每年折旧4M，柔性线每年折旧6M，均计提到残值为止。设备折旧计算表如表2-8所示。

表2-8 设备折旧计算表

生产线	购买价格	残值	建成第1年	建成第2年	建成第3年	建成第4年	建成第5年
手工线	5M	1M	0	1M	1M	1M	1M
半自动线	8M	2M	0	2M	2M	2M	0M
全自动线	16M	4M	0	4M	4M	4M	0M
柔性线	24M	6M	0	6M	6M	6M	0M

六、产品研发与管理体系论证

新产品研发投资按季度支付,每次投资额=总投资额/研发时间,完成投资后方可生产。两项ISO认证投资可同时进行,按年支付认证费用,每年支付1M,相应投资完成后才取得资格,研发投资与认证投资的费用计入当年综合管理费,所有投资均不得加速投资,但可以随时中止或中断。产品研发及ISO认证规则如表2-9所示。

表2-9 产品研发及ISO认证规则

产品及ISO项目	P2	P3	P4	ISO9000	ISO14000
研发时间	6Q	6Q	6Q	2年	3年
所需投资	6M	12M	18M	2M	3M

七、原材料采购与支付

原料采购需提前下达采购订单,其中R1、R2采购提前期为一个季度,R3、R4采购提前期为两个季度。1个空桶表示1M的原料订单。每种原料的价格均为1M,原料到货后必须根据采购订单如数接受相应原料入库,并按规定支付原料款,不得拖延。

八、产品生产

企业目前只能生产P1产品,在研发了新产品后才可生产P2、P3和P4产品,开始生产时将原料放在生产线上并支付加工费,每条生产线同一时刻只能生产一个产品。每个产品所需的原料如图2-11所示。

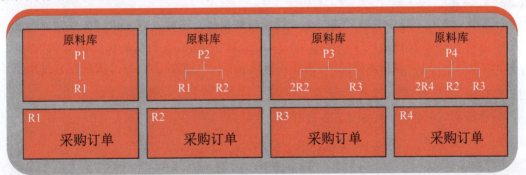

图 2-11 产品所需的原料

> ❖ 提示:
>
> R1、R2提前一个季度下订单,R3、R4提前两个季度下订单,到期方可取料。

九、产品成本

所有生产线都能生产所有产品,但不同生产线生产不同产品需要支付的加工费不同;另外,不同产品所需的原材料也不同。产品成本构成规则如表2-10所示。

表2-10 产品成本构成规则

产品名称	生产线	加工费	材料费	直接成本
P1	手工线	1M	1 M (R1)	2M
P1	半自动线	1M	1 M (R1)	2M
P1	全自动线	1M	1 M (R1)	2M
P1	柔性线	1M	1 M (R1)	2M
P2	手工线	2M	2 M (R1+R2)	4M
P2	半自动线	1M	2 M (R1+R2)	3M
P2	全自动线	1M	2 M (R1+R2)	3M
P2	柔性线	1M	2 M (R1+R2)	3M
P3	手工线	3M	3 M (2R2+R3)	6M
P3	半自动线	2M	3 M (2R2+R3)	5M
P3	全自动线	1M	3 M (2R2+R3)	4M
P3	柔性线	1M	3 M (2R2+R3)	4M
P4	手工线	3M	4 M (R2+R3+2R4)	7M
P4	半自动线	2M	4 M (R2+R3+2R4)	6M
P4	全自动线	1M	4 M (R2+R3+2R4)	5M
P4	柔性线	1M	4 M (R2+R3+2R4)	5M

十、融资贷款与资金贴现

长期贷款的最长期限是5年,最短期限是2年,短期贷款及高息贷款期限是1年,贷款到期时如果贷款额度未下降,可以续贷,也可以返还,除高利贷外的贷款必须按20的倍数进行操作。在有应收账款的情况下可随时贴现,贴现时无论账期是多少均按7的倍数来贴现,利息是1/6。

融资贷款与资金贴现规则如表2-11所示。

表2-11 融资贷款与资金贴现规则

贷款类型	贷款时间	贷款额度	年息	还款方式
长期贷款	每年年末	上一年所有者权益的2倍	10%	每年付息,到期还本
短期贷款	每季季初	上一年所有者权益的2倍	5%	到期一次还本付息
高息贷款	任何时间	与银行协商	20%	到期一次还本付息
资金贴现	任何时间	视应收账款数额来定	1/6	变现时贴息

> **提示：**
>
> (1) 长期贷款每年必须归还利息，到期还本。本利还清后，还有额度时，才允许重新申请贷款。如果有贷款需要归还，同时还拥有贷款额度，必须先归还到期的贷款，才能申请新贷款；能否以新贷还旧贷(续贷)，由教学指导教师来决定。短期贷款也按本规定执行。
>
> (2) 所有的贷款不允许提前还款。
>
> (3) 应收账款贴现金额必须是7的倍数，不考虑应收账款的账期，每7M的应收账款交纳1M的贴现费用，其余6M作为现金放入现金库。

思考题： 请学生思考并讨论，高利贷和资金贴现这两种融资方式，哪一种更合算。

十一、综合费用与税金

除折旧及财务费用外，行政管理费、市场开拓费、营销广告费、生产线转产费、设备维护费、厂房租金、ISO认证费、产品研发费等计入综合费用。其中，行政管理费：每季度支付1M。广告费：年初以现金支付，无现金时，可以在年初贴现应收账款或借高利贷支付。产品研发费、生产线转产费：发生季度支付现金。设备维护费、市场开拓费、ISO认证费、厂房租金：年末支付现金。 所得税：每年年末按当年利润的25%计提所得税(向下取整数)，并计入应交税费，在下一年年初缴纳；企业出现盈利时，按弥补以前年度(前5年)亏损后的余额计提所得税。

十二、企业破产规则

企业在任何经营期内，当所有者权益为负(资不抵债)或现金断流时为破产。破产后，企业可以接受教师注资或者特别贷款，仍继续经营，但必须严格按照产能争取订单(每次竞单前需向教学指导教师提交产能报告)，广告费不能超过6M，破产的对抗参赛队伍不参加最后的成绩排名。

> **提示：**
>
> 我们要认清这是在模拟经营企业，为运行方便已将内外部环境简化为一系列规则，故与实际情况有一定差别，不可在规则上较真。

任务五 读懂手工沙盘的市场预测(10组)

新的管理层将接过企业发展的重任，完全独立经营，担负企业发展的重任。知己知彼，方能百战不殆。因此，谁掌握情报，谁就能在激烈的市场竞争中处于主动地位，就能赢得时间、市场和利润。

在"ERP企业模拟经营沙盘实训"课程中,市场预测是各企业能够得到的关于产品市场需求预测的唯一可以参考的有价值的信息,对市场预测的分析与企业的营销方案策划息息相关。在市场预测中要包括近几年关于市场及产品的预测资料,如各市场及各产品的总需求量、价格情况、客户关于技术及产品的质量要求等。市场预测对所有企业而言是公开透明的,所以读懂市场预测,透彻地分析市场预测对企业经营的成败至关重要。

一、本地市场预测分析

预测表明,本地市场将会持续发展,客户对低端产品的需求可能会下降。伴随着需求的下降,低端产品的价格很有可能会逐步走低。后几年,随着高端产品的成熟,市场对P3、P4产品的需求将会逐渐增大。由于客户对质量要求的不断提高,后两年可能会对厂商是否通过了ISO9000认证和ISO14000认证有更多的要求。

图2-12是第1~6年本地市场P系列产品的预测资料,由左边的柱形图和右边的折线图构成。柱形图中的横坐标代表年,纵坐标上标注的数字代表产品数量,各产品名称下方柱形的高度代表该产品某年的市场预测需求总量。折线图标明了第1~6年P系列产品的价格趋势,横坐标表示年,纵坐标表示价格。在市场预测中,除了直观的图形描述外,还可以用文字形式加以说明,尤其需要注意客户对于技术及产品的质量要求等细节。

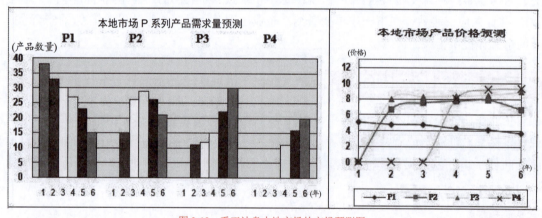

图2-12 手工沙盘本地市场的市场预测图

教学指导教师可以要求学生结合柱形图、折线图和文字说明,用Excel表格分析市场预测,学会用数据说话,进而真真正正地读懂市场预测。本地市场预测的数据分析情况如表2-12所示。根据权威机构对本地市场的预测及图2-12中的数据,我们可以读懂本地市场的预测,并发现:P1产品需求量在后两年快速下降,其价格也逐年走低;P2产品需求量一直较为平稳,前四年价格较稳定,但在后一年下降迅速;P3产品需求量提高较快,价格逐年走高;P4产品只在最后三年才有少量的需求,但价格和P3相比并没有特别的吸引力。

表2-12 本地市场预测的数据分析情况

年份	P1				P2				P3				P4			
	价格	成本	毛利	需求量	价格	成本	毛利	需求量	价格	成本	毛利	需求量	价格	成本	毛利	需求量
1	5.2	2	3.2	38												
2	5	2	3	33	6.6	3	3.6	15	8	4	4	11				
3	4.8	2	2.8	30	7.5	3	4.5	26	8.2	4	4.2	12				
4	4.3	2	2.3	27	8.1	3	5.1	29	8.5	4	4.5	15	8.6	5	3.6	11
5	4	2	2	23	7.9	3	4.9	26	8.9	4	4.9	22	9.2	5	4.2	16
6	3.7	2	1.7	15	6.7	3	3.7	21	9.2	4	5.2	30	9.5	5	4.5	20

二、区域市场预测分析

如图2-13所示，区域市场的客户相对稳定，对P系列产品需求的变化很有可能比较平稳。因紧邻本地市场，所以其产品需求量的走势可能与本地市场相似，价格趋势也大致一样。该市场容量有限，对高端产品的需求也可能相对较小，但客户会对产品的ISO9000和ISO14000认证有较高的要求。

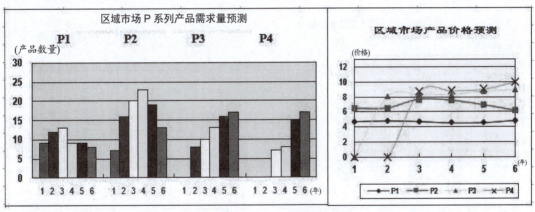

图2-13 手工沙盘区域市场的市场预测图

三、国内市场预测分析

如图2-14所示，因P1产品带有较浓的地域色彩，所以国内市场估计不会对P1产品有持久的需求，但因P2产品更适合国内市场，所以其需求可能会一直比较平稳。随着对P系列产品的逐渐认同，国内市场对P3产品的需求可能会增长较快，但对P4产品的需求就不一定像P3产品那样旺盛了。当然，对于高价值的产品来说，客户一定会更注重产品的质量认证。

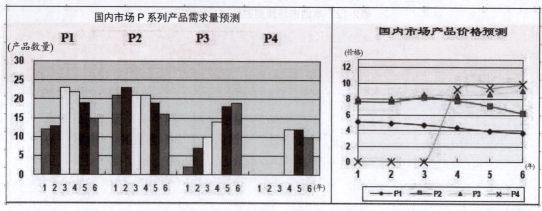

图 2-14　手工沙盘国内市场的市场预测图

四、亚洲市场预测分析

如图2-15所示，亚洲市场一向波动较大，所以对P1产品的需求可能起伏较大，估计对P2产品的需求走势与P1产品相似，但该市场对新产品很敏感，因此估计对P3、P4产品的需求会增长较快，价格也可能不菲。另外，这个市场的消费者很注重产品的质量，所以没有ISO9000和ISO14000认证的产品可能很难销售。

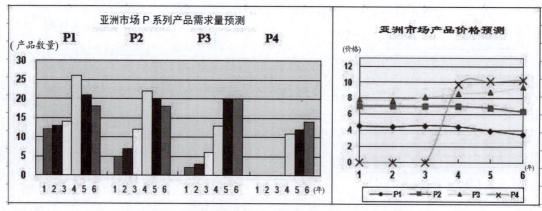

图 2-15　手工沙盘亚洲市场的市场预测图

五、国际市场预测分析

如图2-16所示，P系列产品进入国际市场可能需要一段较长的时间。有迹象表明，国际市场对P1产品已经有所认同，但还需要一段时间才能接受它；同样，国际市场对P2、P3和P4产品也会谨慎接受，其需求增长较慢。当然，国际市场的客户也会关注产品是否通过ISO认证。

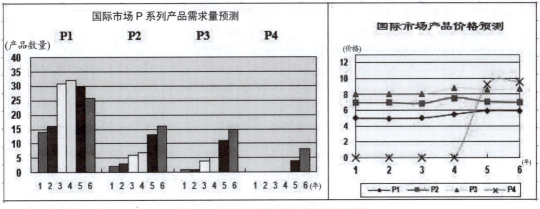

图 2-16　手工沙盘国际市场的市场预测图

> ❖ **提示：**
>
> （1）这是由一家权威的市场调研机构对未来6年里各个市场的需求的预测，应该说这一预测有着很高的可信度。
>
> （2）P1产品由于技术水平低，虽然近几年需求较旺盛，但未来将会逐渐下降。P2产品是P1产品的技术改进版，虽然技术优势会带来一定增长，但随着新技术出现，需求量最终会下降。P3、P4为全新技术产品，发展潜力很大。

思考题：根据开拓市场的规则，参考本地市场的数据分析，请你对区域市场、国内市场、亚洲市场、国际市场进行数据分析，且回答这4个市场的数据的分析分别只需要从第几年开始即可，并说明其原因。

任务六　掌握企业经营实际模拟训练的基本流程

ERP企业经营实际模拟训练分成年初、四季、年末3个阶段，企业经营实际模拟训练的阶段性任务如表2-13所示。

表2-13　企业经营实际模拟训练的阶段性任务

阶段	任务	备注
年初	编制年度规划、参加订货会、支付应交税费	3项工作
四季	盘点库存现金、申请贷款、下原料订单、完成生产任务、交货及研发新产品等	13项工作
年末	更新长期贷款、支付设备维护费、支付租金或购买厂房、计提折旧、开拓市场、关账	6项工作
特殊流程	应收账款贴现、厂房贴现、申请高利贷	3项工作，紧急时采用，可随时进行

一、ERP企业经营实际模拟训练的任务清单

具体ERP企业经营实际模拟训练的任务清单如下。

每组中必须指定一人(一般为CEO)负责任务清单的核查。

每年年初：	请"√"			
准备好新的一年(新年度会议/制订新计划)	☐			
准备好与客户见面/登记销售订单	☐			
支付应付税费(根据上年度结果)	☐			
每个季度：				
季初现金盘点	☐	☐	☐	☐
更新短期贷款/还本付息/申请短期贷款	☐	☐	☐	☐
更新应付款/归还应付款	☐	☐	☐	☐
原材料入库/更新原料订单	☐	☐	☐	☐
下原料订单	☐	☐	☐	☐
更新生产/完工入库	☐	☐	☐	☐
投资新生产线/变卖生产线/生产线转产	☐	☐	☐	☐
开始下一批生产	☐	☐	☐	☐
更新应收账款/应收账款收现	☐	☐	☐	☐
按订单交货	☐	☐	☐	☐
产品研发投资	☐	☐	☐	☐
支付行政管理费用	☐	☐	☐	☐
每年年末：				
更新长期贷款/支付利息/申请长期贷款				☐
支付设备维护费				☐
支付租金(或购买厂房)				☐
计提折旧				☐
新市场开拓投资 / ISO资格认证投资				☐
关账				☐

每一年经营由每组CEO指挥，各岗位填写手工沙盘实训使用手册(见第六单元)，有序地完成一年经营。各岗位需要各司其职、有条不紊，按照任务清单的顺序完成自己负责的任务。CEO在任务清单中打"√"表示完成该项任务；财务总监记录明细现金流入流出、费用发生、融资发生情况；采购总监记录原材料订货、出入库情况；生产总监记录生产线建设和变动情况，以及在制品的变化情况；营销总监记录生产资格、ISO认证、市场开发情况，以及产成品的出入库情况。

二、现金收支明细表

现金是企业的"血液"，伴随着企业各项活动的进行，会发生现金的流动。为了清晰记录现金的流入和流出，我们要求在企业运营流程中登记现金收支明细，为此，本书设计了一个伴随企业运营流程的现金收支明细表，如表2-14所示。CEO带领大家每执行一项任务时，如果涉及现金收付，由财务总监负责，并相应地在方格内登记现金收支情况，便于进行现金流量的管理。

表2-14　现金收支明细表

项目	时间/季			
	1	2	3	4
新年度规划会议/制订新年度计划				
支付广告费(市场营销)				
支付上年应付税费				
季初现金盘点(请填余额)				
短期贷款及利息				
原料采购支付现金				
向其他企业购买/出售原材料				
向其他企业购买/出售成品				
变更费用(转产费用)				
生产线投资				
变卖生产线				
工人工资				
应收账款到期/应收账款贴现金额				
贴现费用				
产品研发投资				
支付行政管理费用				
更新(申请)长期贷款及支付利息				
支付生产线维护费				
支付厂房租金/购买新厂房				
计提生产线折旧				( )
市场开拓投资				
ISO认证投资				
其他现金收支情况登记				
现金收入总计				
现金支出总计				
净现金流量(NCF)				
期末现金对账(请填余额)				

◆ 提示：

(1) 在执行任务清单中的各项工作时，必须严格按照自上而下的顺序执行，防止出现由于操作失误影响结果的情况。

(2) 每个角色都要各司其职、分工明确，即关注自己需要负责什么工作，最好给自己负责的几项工作标注上特殊记号；还要注意团队协作，即关注自己和其他部门的工作关系如何。

任务七　模拟企业教学年的运营实录

学习了ERP企业模拟经营手工实训的规则和经营流程之后，老领导班子本着"扶上马,送一程"的原则,将带领新班子经营一年,这一年称为教学年或"第0年"或起始年。新管理层在教学年的主要任务是磨合团队,进一步熟悉和掌握规则,熟悉企业的运营流程,为将来的经营打下基础。该项任务的学习关系到学生能否体会该实训课程的精髓,因为在这一任务中将详细学习ERP企业模拟经营手工实训运营流程中各项任务的具体操作和注意事项,故该项任务的学习非常关键。

一、教学年运作提示

老领导班子决定教学年继续保守经营,不投资新产品研发,不购置固定资产,不尝试新的融资,以稳健为主,只是维持原有的生产规模,略有发展,因此制定如下经营策略。

(1) 年初支付1M广告费。
(2) 不进行任何贷款,企业的长期贷款年利率为10%,短期贷款年利率为5%。
(3) 每季度下1个R1原料订单。
(4) 不进行任何投资与开发(包括产品开发、市场开发、ISO认证研发、生产线投资等)。
(5) 不购买新厂房。
(6) 生产持续进行。

二、年初三项工作

(一) 准备好新的一年(新年度会议/制订新计划)

新的一年开始之际,CEO应当召集各位业务主管召开新年度规划会议,研究市场预测,明确(调整)企业战略,做出各种投资经营规划,包括市场和认证开发、产品研发、设备投资、生产经营、营销策划方案等。

常言道:"凡事预则立,不预则废。"预算是企业经营决策和长期投资决策目标的一种数量表现,即通过有关的数据将企业全部经济活动的各项目标具体地、系统地反映出来。具体来讲,企业需要编制销售预算、计算可接单量及编制资金预算。销售预算是编制预算的关键和起点,主要是对本年度要达成的销售目标的预测,销售预算的内容包括销售数量、销售价格和销售收入等。

参加订货会之前,企业需要计算本企业的可接单量。企业可接单量主要取决于现有库存和生产能力,因此产能计算的准确性将直接影响销售交付。另外,企业还需要编制资金预算,判定是否有足够的资金支持本年的运行,完成经营目标。

这些规划可以通过现金预算表、产能预算表、原材料下订单预算表等体现。这里仅展示现金预算表(见表2-15)如何编制及使用。

表2-15 手工沙盘现金预算表

项目	时间/季			
	1	2	3	4
期初库存现金				
支付上年应交税费				
市场营销投入(广告费)				

(续表)

项目	时间/季			
	1	2	3	4
折现费用(应收账款贴现费用)				
利息(短期贷款)				
支付到期短期贷款				
原料采购支付现金				
变更费用(转产费用)				
生产线投资				
工人工资				
产品研发投资				
收到现金前的所有支出				
应收账款到期				
支付管理费用				
利息(长期贷款)				
支付到期长期贷款				
设备维护费用				
租金				
购买新建筑				
市场开拓投资				
ISO认证投资				
其他				
库存现金余额				

从表2-15中可以发现，现金流入项目十分有限，其中对权益没有损伤的仅有"应收账款到期"一项，而其他流入项目对权益均有"负面"影响。长期贷款、短期贷款、贴现——增加了财务费用；出售生产线——损失了部分净值；虽然出售厂房不影响权益，但是购置厂房时是一次性付款的，而出售后得到的只能是四期应收账款，损失了一年的时间，如果贴现也需要付贴现费。至此，我们应该可以明白现金预算的意义了，即首先保证企业正常运转，不发生断流，否则就会破产出局；其次，合理安排资金，降低资金成本，使股东权益最大化。

总之，销售、生产、采购、财务等部门必须密切配合，相互协调，统筹兼顾，全面安排，搞好综合平衡。利用预算工具，编制全面预算，能促使各角色清楚地了解本部门在全局中的地位和作用，尽可能地做好部门之间的协调工作。各部门之间可能存在冲突，例如，销售部门根据市场的预测提出了一个庞大的销售计划，生产部门可能没有那么大的生产能力；生产部门可能编制了一个充分利用现有生产能力的计划，但销售部门可能无力将这些产品销售出去；销售部门和生产部门都认为应该扩大生产能力，财务部门却认为无法筹集到必要的资金。全面预算经过综合平衡后可以找到解决各级各部门冲突的最佳办法，从而使各级各部门的工作在此基础上进行协调。

> ❖ 提示：
>
> 现金预算表编制的方法如下。
> (1) 预计各季度的现金流入。
> ◇ 主要来源：销售商品(产品)收到的现金。
> ◇ 出售厂房、生产线收到的现金等。
> ◇ 厂房贴现、应收账款贴现(备注：这些现金的原值应填到现金预算表中"应收账款到期"栏目处，贴现费用填入现金预算表中"折现费用"栏目处)。
> (2) 明确各期应支付的固定费用。
> ◇ 广告费。
> ◇ 管理费用。
> ◇ 设备维护费。
> ◇ 厂房租金。
> ◇ 贷款利息等。
>
> 这些费用基本上年初就能定下来。
> (3) 根据产品开发或生产线投资规划，确定各期产品开发或生产线投资的现金流出。
> (4) 制订生产计划及采购计划，确定企业在各期应投入的产品加工费及采购原材料的支出。
> (5) 确定现金短缺或盈余，及时筹集资金，现金短缺或盈余=(1)-(2)-(3)-(4)。

在新的管理层正式接手后，每年在编制新年度规划时，各业务主管提出自己的初步设想，大家就此进行论证，最后，在权衡各方利弊得失后，做出企业新年度的初步规划。请大家一定要把各季度规划的要点记录下来。由于教学年按照原定规划进行生产，即只生产P1产品，不做其他项目的开发和更新，因此没有过多讨论。开完会后，CEO带领大家在任务清单第一行的相应方格内打"√"即可。

(二) 准备好与客户见面/登记销售订单

销售产品必须要有销售渠道。对于沙盘企业而言，销售产品的唯一途径就是参加产品订货会，争取销售订单。参加产品订货会需要在目标市场投放广告，只有投入了广告费，企业才有资格在该市场争取订单。

在参加订货会之前，企业需要分市场、分产品在"竞单表"上登记投入的广告费金额。"竞单表"是企业争取订单的唯一依据，也是企业当期支付广告费的依据，应当采取科学的态度认真对待。

一般情况下，营销总监代表企业参加订货会，争取销售订单，但为了从容应对竞单过程中可能出现的各种复杂情况，也可由营销总监与CEO或采购总监一起参加订货会。竞单时，营销总监应当根据企业的可接订单数量选择订单，尽可能按企业的产能争取订单，使企业生产的产品在当年全部销售。应当注意的是，企业争取的订单一定不能突破企业的最大产能，否则，如果不能按期交单，将给企业带来巨大的损失。

沙盘企业中，广告费一般在参加订货会后一次性支付，所以，企业在投放广告时，应当充分考虑企业的支付能力，也就是说，投放的广告费一般不能突破企业年初未经营前现金库中的现金余额。

为了准确掌握销售情况，科学制订本年度工作计划，企业应将参加订货会争取到的销售订单进行登记。拿回订单后，财务总监和营销总监分别在"订单登记表"中逐一对所有拿到的订单进行登记。

❖ **提示：**

(1) 各企业应根据相应产能、设备投资计划选取订单，避免因接单不足而导致设备闲置或因盲目接单而导致无法按时交货。

(2) 为了将已经销售和尚未销售的订单进行区分，营销总监在登记订单时，只登记订单号、销售数量、账期，暂时不登记销售额、成本和毛利，当产品售出时，再进行登记。

教学年并无悬念，每个企业都投了1M广告费，得到一张相同的订单，如图2-17所示。零教学年客户订单中的Q表示1个季度的时间长度，应收账期2Q表示从交货时的季度开始算起，还有两个季度才能收现。支付广告费时，由营销总监向财务总监要1M，放到沙盘盘面"广告费"处；同时财务主管需要在教学年的现金收支明细表中"支付广告费(市场营销费)"一栏内填上"–1M"，表示支出1M。

```
第0年         本地市场      LP1-1/10
产品数量：    6 P1
产品单价：    5.3M/个
总 金 额：    32M
应收账期：    2Q
```

图2-17 零教学年客户订单

订货会议结束后，营销总监和财务总监应将拿到的市场订单登记在如表2-16所示的订单登记表中。完成此操作步骤后，企业所有成员应在CEO的带领下，在任务清单第二行的相应方格内打"√"。

表2-16 订单登记表

项目	LP1-1/10					总数
市场	本地					
产品	P1					
数量	6					
账期	2Q					
销售额	32					32
成本	12					12
毛利	20					20

> ❖ **提示:**
> (1) 表2-16中的5项(项目、市场、产品、数量、账期)应在年初取得订单时登记填写；3项(销售额、成本、毛利)应在交货时填写。
> (2) 年末为了便于财务总监编制报表，建议营销总监对今年所有已售产品按品种进行销售情况统计，编写如表2-17所示的产品核算统计表，它是对各品种本年销售数据的汇总。

表2-17 产品核算统计表

核算项目	P1	P2	P3	P4	合计
数量					
销售额					
成本					
毛利					

(三) 支付应付税费(根据上年度结果)

依法纳税是每个公民应尽的义务，企业应在年初支付上年应交的税金。企业按照上年资产负债表中"应交税费"项目的数值缴纳税金。缴纳税金时，财务总监从现金库中拿出相应现金放在沙盘"综合费用"的"税金"处，并在现金收支明细表对应的方格内记录现金的减少数。

零教学年，根据上一年的利润表和资产负债表中的有关数据得出，上一年的交税费为1M，财务总监应从现金库中拿出1M放在沙盘盘面"税金"处，并在现金收支明细表对应的方格内填上"–1M"。完成此操作步骤后，企业所有成员应在CEO的带领下，在任务清单第三行的相应方格内打"√"。

三、每季度执行的十三项工作

沙盘企业日常运营应当按照一定的流程来进行，这个流程就是任务清单。任务清单反映了企业在运行过程中的先后顺序，必须按照这个顺序进行。这里，我们以零教学年的第一季度为例，按照任务清单的顺序，对日常运营过程中的操作要点进行介绍。

(一) 季初现金盘点

财务总监应在每季度的季初盘点库存现金，记录库存现金余额，并与账面余额进行核对，做到账实一致。为了保证账实相符，企业应当定期对企业的资产进行盘点。沙盘企业中，企业的资产主要包括现金、应收账款、原材料、在产品、产成品等流动资产，以及在建工程、生产线、厂房等固定资产。盘点的方法主要采用实地盘点法，即对沙盘盘面的资产进行逐一清点，确定出实有数，然后将账面记录的余额与其核对，最终确定出余额。

盘点时，CEO指挥、监督团队成员各司其职，认真进行。如果盘点的余额与账面数不一致，应及时查找原因，保证账实相符。这里主要进行的是现金盘点。第一季度的季初余额等于上一季度的季末余额；其他季度的季初库存现金余额，可以在盘点完后和上一季度季末的账面余额核对，相符就填写在季初的余额处。

该项工作的操作要点如下：财务总监根据上季度季末的现金余额填写本季度季初的现金余额。第一季度现金账面余额的计算公式为

年初现金余额=上年年末库存现金－支付的本年广告费－支付的上年的应交税费+
　　　　　其他收到的现金

零教学年的期初库存现金数为20M，广告费和应交税费共支付2M，所以财务总监应在现金收支明细表的对应表格内填上18M。完成后各成员在任务清单对应的方格内打"√"。

(二) 更新短期贷款/还本付息/申请短期贷款或高利贷

企业要发展，资金是保证。在经营过程中，如果缺乏资金，正常的经营可能都无法进行，更谈不上扩大生产和进行无形资产投资了。如果企业的经营活动正常，从长远发展的角度来看，应适度举债，"借鸡生蛋"。沙盘企业中，企业筹集资金的方式主要包括长期贷款和短期贷款。长期贷款主要用于长期资产投资，如购买生产线、研发产品等，短期贷款主要用于解决流动资金不足的问题，两者应结合起来使用。

该项工作的操作要点如下。

(1) 更新短期贷款：如果企业存在短期借款，则每季度财务总监将代表短期借款的空桶往库存现金库方向推进一格，表示短期贷款离还款时间越来越近。如果代表短期借款的空桶已经推至现金库，则表示该贷款到期，应还本付息。

(2) 还本付息：短期借款是到期利随本清，每桶20M的贷款需支付1M的利息。财务总监需从库存现金库中拿出利息放在沙盘"综合费用"的"利息"处，拿出相当于应归还借款本金的现金到交易处偿还短期借款本金。

(3) 申请短期贷款：有到期的短期贷款必须先还后贷。基本规则规定申请短期贷款的最高额度为上年所有者权益的2倍减去尚未归还的短期借款总额。

如果企业需要借入短期借款，则财务总监填写"公司贷款申请表"到交易处借款。短期借款借入后，倒扣一个空桶在短期借款的第四账期处，在空桶内放置一张注明该短期借款信息的纸条，并将现金放在现金库中。

(4) 申请高利贷：该项工作为特殊工作。企业可以随时向银行申请高利贷，额度由银行确定，利息按年利率20%来计算，其余与短期借款管理相同。

该操作步骤完成后，在CEO带领下，财务总监/助理在现金收支明细表对应的方格内记录偿还短期借款(高利贷)的本金、支付利息的现金减少数；登记借入短期借款(高利贷)增加的现金数。在财务总监正确完成以上操作后，全体成员再在运营任务清单对应的方格内打"√"。

> **提示：**
> 短期贷款的借入、利息的支付和本金的归还都是在每个季度的季初进行的。其余时间要筹集资金，只能采取其他的方式，不能再通过向银行借短期贷款的方式进行筹资。

因零教学年无短期贷款，所以CEO只需要带领全体成员在运营任务清单对应的方格内打"√"即可。

(三) 更新应付款/归还应付款

企业如果采用赊购方式购买原材料，则会涉及应付账款。如果应付账款到期，企业则必须支付货款。企业应在每个季度对应付款进行更新。

操作要点如下。

(1) 更新应付款：财务总监将应付款向现金库方向推进一格，当应付款推至现金库时，表示应付款到期，必须用现金偿还，不能延期。

(2) 归还应付款：财务总监从现金库中取出现金付清应付款，并在现金收支明细表对应的方格内登记现金的减少数。

在财务总监正确完成以上操作后，CEO带领全体成员，在任务清单对应的方格内打"√"；本次实训的规则中不涉及应付款，不进行操作，直接在任务清单对应的方格内打"√"。

(四) 原材料入库/更新原料订单

企业只有在前期订购了原材料，在交易处登记了原材料采购数量，才能购买原材料。基本规则规定R1、R2原材料需提前一个季度订购，R3、R4原材料需提前两个季度订购。每个季度，采购总监应将沙盘中的"原材料订单"向原材料仓库推进一格，表示更新原料订单。如果原材料订单本期已经推至原材料库，则表示原材料已经到达企业，企业应当验收入库，并支付相应的原材料款项。

操作要点如下。

(1) 购买原材料：财务总监应从库存现金库中拿出购买原材料需要的现金交给采购总监，接着在现金收支明细表中对应的方格内填上现金的减少数；采购总监应从财务处领取现金，然后持现金和"采购登记表"在交易处买回原材料，之后将其放在沙盘对应的原材料库中，在"采购登记表"中登记购买的原材料数量，同时在任务清单对应的方格内或自制的原材料采购计划表里登记入库的原材料数量。

❖ **提示：**

在盘面中分别用红、黄、蓝、绿四种彩币表示R1、R2、R3、R4四种原料，价格均为1M/个。

(2) 更新原料订单：如果企业订购的原材料尚未到期，则采购总监将订单桶推到"在途"处即可。

在财务总监和采购总监正确完成以上操作后，CEO带领全体成员在任务清单对应的方格内打"√"。

❖ **提示：**

如果原料采购不足/盈余，在实际工作中企业是可以向其他企业购买/出售原材料的，但本次实训中不涉及原料采购不足/盈余，故不进行此操作。

零教学年的第一季度，采购总监从财务处领取2M现金，将上一期预订的两个R1原材料在支付2M现金后取回，放入"原材料库"，并登记在原材料库存记录本上。财务总监应在现金收支明细表对应的方格内填上"–2M"。

(五) 下原料订单

企业购买原材料必须提前在交易处下原料订单，没有下订单就不能购买。下原料订单不需要支付现金。采购总监应根据原材料采购计划，决定采购品种与数量。

操作要点如下。

采购总监在"采购登记表"中登记订购的原材料品种和数量，在交易处办理订货手续；将从交易处取得的原材料采购订单置入一个空桶放在沙盘对应品种的"原材料订单"处，并在任务清单对应的表格内记录订购的原材料数量。

在采购总监正确完成以上操作后，CEO带领全体成员在任务清单对应的方格内打"√"。

按零教学年的运作说明，每个季度要为下一个季度下一个R1原料订单，采购总监用一张小纸片写上"1个R1"放入一个空桶，把该空桶置放在R1订单区中，CEO带领全体成员在任务清单对应的方格内打"√"。

(六) 更新生产/完工入库

一般情况下，产品加工时间越长，完工程度越高。企业应在每个季度更新生产。当产品完工后，应及时下线入库。

操作要点如下。

(1) 完工入库：生产总监将生产线上的在制品向前推一格，如果产品已经推到生产线以外，则表示产品完工下线，应将该产品放在产成品库对应的位置，并在任务清单对应的表格内记录完工产品的数量。

(2) 更新生产：如果产品没有完工，生产总监则只需要将生产线上的在制品向前推一格，并记录各生产线在制品的位置，然后在任务清单对应的方格内打"√"。

在生产总监正确完成以上操作后，CEO带领全体成员在任务清单对应的方格内打"√"。

零教学年原来四条线在制品的位置分别在1、2、3、1处，生产总监将生产线上的在制品向前推一格之后，四条线在制品的位置分别在2、3、0、2处，说明第三条手工线下线一个产成品，那么生产总监应将其放入P1产成品库中，并在第一季度对应的表格内记录下来。在生产总监正确完成以上操作后，CEO带领全体成员在任务清单第一季度对应的方格内打"√"。

(七) 投资新生产线/变卖生产线/生产线转产

企业要提高产能，必须对生产线进行改造，包括新购、变卖和转产等。新购的生产线安置在厂房空置的生产线位置；如果没有空置的位置，必须先变卖生产线。变卖生产线主要是出于战略考虑，如将手工线换成全自动生产线等。如果生产线要转产，应当考虑转产周期和转产费。

操作要点如下。

(1) 投资新生产线：生产总监在交易处申请新生产线标识，将标识翻转放置在某厂房空置的生产线位置，并在标识上面放置与该生产线安装周期期数相同的空桶，代表安装周期；每个季度向财务总监申请建设资金，放置在其中的一个空桶内；每个空桶内都放置了建设资金，表明费用全部支付完毕，生产线在下一季度建设完成。在全部投资完成后的下一季度，生产总监将生产线标识翻转过来，领取产品标识，新生产线可以投入使用。

财务总监应在现金收支明细表对应的方格内填上现金的减少数，即每个季度从现金库取出的交给生产总监用于生产线投资的现金数。

> **❖ 提示：**
> 生产线一旦开始建设，就不能在各厂房之间移动。

(2) 变卖生产线：生产线只能按残值变卖。变卖时，生产总监将生产线及其产品生产标识交还给交易处，并将生产线的净值从"价值"处取出，将等同于变卖生产线残值的部分交给财务总监，相当于变卖而收到的现金；财务总监将变卖生产线收到的现金放在现金库，并在现金收支明细表中对应的方格内记录现金的增加数。

> **❖ 提示：**
> 净值与残值差额的处理：如果生产线净值大于残值，则将净值大于残值的差额部分放在沙盘盘面的"其他"处，表示出售生产线的净损失，在利润表中计入营业外支出项目。

(3) 生产线转产：生产总监持原产品标识在交易处更换新的产品生产标识，并将新的产品生产标识反扣在生产线的"产品标识"处，待该生产线转产期满可以生产产品时，再将该产品标识正面放置在"产品标识"处；如果转产需要支付转产费，生产总监还应向财务总监申请转产费，将转产费放在"综合费用"的"转产费"处；财务总监应在现金收支明细表中对应的方格内登记支付转产费而导致的现金减少数。

在生产总监、财务总监等正确完成以上全部操作后，CEO带领全体成员在运营任务清单对应的方格内打"√"；如果不做上面的操作，则直接在运营任务清单对应的方格内打"√"。

零教学年的四个季度均不涉及该项操作，故CEO只需带领全体成员在任务清单对应的方格内打"√"即可。

(八) 开始下一批生产

企业如果有闲置的生产线，应尽量安排生产。因为闲置的生产线仍然需要支付设备维护费、计提折旧，企业只有生产产品，并将这些产品销售出去，这些固定费用才能得到弥补。开始下一批生产的前提有3个：原料、加工费、生产资格。任何一条生产线上的在制品都只能有一个。

操作要点如下。

生产总监从采购总监处申请领取生产产品需要的原材料，从财务总监处申请取得生产产品需要的加工费，将生产产品所需要的原材料和加工费放置在空桶中(一个空桶代表一个产品)，然后将这些空桶放置在空置的生产线上，表示开始投入产品生产。生产总监需要在对应的表格内登记该季度投产产品的数量。

财务总监审核生产总监提出的产品加工费申请后，将现金交给生产总监，之后应在现金收支明细表中对应的方格内登记现金的减少数。

采购总监根据生产总监的申请，发放生产产品所需要的原材料之后，要在对应的表格内登记生产领用原材料导致的原材料减少数。

在确定正确完成以上操作后，CEO应带领全体成员在任务清单对应的方格内打"√"。

> ◆ **提示：**
>
> 如果产成品库存不足/盈余，在实际工作中企业是可以向其他企业购买/出售产成品的，但本次实训不涉及产成品库存不足/盈余，故不进行此操作。

零教学年第一季度由于第三条手工线刚下线一个P1，故空置。生产总监应向采购总监领取一个R1原材料，向财务总监领取1M的加工费，做成一个P1在制品放在空置的第三条手工线的第一生产期处，并记录第一季度末所有生产线在产品的位置为2、3、1、2。财务总监应在现金收支明细表中对应的方格内登记支付工人工资的数额，填上"–1M"。采购总监应在对应的表格中或原材料库存本上记录第一季度领用一个R1。在确定正确完成以上操作后，CEO应带领全体成员在任务清单对应的方格内打"√"。

(九) 更新应收账款/应收账款收现

沙盘企业中，企业销售产品一般收到的是"欠条"——应收账款。每个季度，企业应将应收账款向现金库方向推进一格，表示应收账款账期减少。当应收账款被推至现金库时，表示应收账款到期，企业应持应收账款凭条到交易处领取现金。

操作要点如下。

(1) 更新应收账款：财务总监将应收账款往现金库方向推进一格，应收账款离现金库越近，则表示离收现时间越近。

(2) 应收账款收现：财务总监将应收账款往现金库方向推进一格，当应收账款推至现金库时，表示应收账款到期。如果应收账款到期，则持任务清单和应收账款凭条到交易处领回相应现金，并放入沙盘盘面的库存现金库，同时在现金收支明细表中对应的方格内登记应收账款到期收到的现金数。

在确定正确完成以上操作后，CEO带领全体成员在运营任务清单对应的方格内打"√"。

由于零教学年年初，原有一项(3Q，15M)应收账款，财务总监现将放有该应收账款纸条的桶往库存现金库方向移动一格，即从3期变为2期。在确定正确完成以上操作后，CEO带领全体成员在运营任务清单对应的方格内打"√"。

> **提示：**
> 零教学年年初的(3Q，15M)应收账款将在教学年的第三季度收到现金，届时财务总监应在现金收支明细表第三季度的应收账款到期处填上现金增加"15M"。

（十）按订单交货

企业只有将产品销售出去才能实现收入和利润，也才能收回垫支的成本。产品生产出来后，企业应按销售订单交货。每张订单必须整单交货。上年年末未按时交货的订单可以在本年第一季度交货。

操作要点如下。

销售产品前，营销总监首先在"订单登记表"中登记销售订单的销售额，计算出销售成本和毛利之后，将销售订单和相应数量的产品拿到交易处销售。销售后，营销总监将收到的应收账款凭条或现金交给财务总监。

如果销售取得的是应收账款凭条，财务总监则将凭条放在应收账款相应的账期处，并在自己设计的"应收账款登记表"中登记应收账款的信息，如(3Q，15M)，其表示本季度交了一张应收账期为3期、金额为15M的账单；如果取得的是现金，则将现金放进现金库，在现金收支明细表中"应收账款到期"对应的方格内登记现金的增加数。

在确定营销总监和财务总监正确完成以上操作后，CEO带领全体成员在运营任务清单对应的方格内打"√"；如果不涉及上面的操作，则直接在运营任务清单对应的方格内打"√"。

零教学年年初有3个P1库存，第一季度下线1个P1，故本季度只有4个P1库存，而我们唯一的一张订单要交货6个P1，故本季度均不涉及该项操作，CEO只需带领全体成员在任务清单对应的方格内打"√"即可。

> **提示：**
> 零教学年第二季度将下线两个P1，即第二季度将可以按订单交货，并得到一张(2Q，32M)应收账款的单据。财务总监可以在现金收支明细表中"应收账款到期"栏目处填上(2Q，32M)，表示第二季度交了一张订单，收到的是一张(2Q，32M)应收账款的单据，将在本年度第四季度收到32M现金。到第四季度时，财务总监应在现金收支明细表中"应收账款到期"栏目处填上现金增加数"32M"。

（十一）产品研发投资

企业按照年初制订的研发计划研发新产品，必须投入研发费用。每季度的研发费用在季末一次性支付。当新产品研发完成，企业可在下一季度投入生产。如果企业资金紧张，产品研发可以随时中断。

操作要点如下。

企业如果需要研发新产品，营销总监则从财务总监处申请取得研发所需要的现金，放置在产品研发对应位置的空桶内。如果产品研发投资完成，营销总监则从交易处领取相应产品的生产资格证放置在"生产资格"处。企业取得生产资格证后，从下一季度开始，可以生产该产品。

根据营销总监提出的申请，财务总监审核后，按季度用现金支付研发费。如果支付了研发费，财务总监则在现金收支明细表中对应的方格内登记现金的减少数。

在确定完成以上操作后，CEO带领全体成员在运营任务清单对应的方格内打"√"；如果不涉及上面的操作，则直接在运营任务清单对应的方格内打"√"。

零教学年的四个季度均不涉及该项操作，故CEO只需带领全体成员在任务清单对应的方格内打"√"即可。

(十二) 支付行政管理费

企业在生产经营过程中会发生诸如办公费、人员工资等管理费用。管理费用是企业维持正常经营而必须支付的费用。沙盘模拟企业经营中，行政管理费在每季度末一次性支付1M，无论企业经营情况好坏、业务量多少，这项费用都是固定不变的，这与实际工作存在差异。

操作要点如下。

财务总监每季度都会从现金库中取出1M现金作为行政管理费用，放置在综合费用的"管理费"处，并在现金收支明细表中对应的方格内登记现金的减少数。

在确定完成以上操作后，CEO带领全体成员在运营任务清单对应的方格内打"√"。

❖ **提示：**

(1) 其他现金收支情况：如果企业在经营过程中可能会发生除上述情况外的其他现金收入或支出，如高利贷、厂房贴现等，企业可将这些现金收入或支出记录在现金收支明细表中的"其他现金收支情况"栏目里进行报告。

(2) 出售厂房：企业如果需要筹集资金，可以出售厂房，厂房按原值出售。企业出售厂房当期不能收到现金，只能收到一张4Q的应收账款凭条。如果没有厂房，年末企业则必须支付租金。

企业出售厂房时，生产总监将"厂房价值"拿到交易处，领回40M的应收账款凭条，交给财务总监。财务总监将收到的应收账款凭条放置在沙盘盘面的应收账款的4Q处，并在"应收账款登记表"中登记该笔应收账款的金额和能收现的账期，如果急需用钱，则进行贴现操作。

零教学年，按照运营规则规定企业每季度必须支付1M的行政管理费，第一季度到该流程时，由财务总监从现金库中取出1M现金作为行政管理费用，放置在综合费用的"管理费"处，并在现金收支明细表中对应的方格内登记现金的减少数。在确定完成以上操作后，CEO带领全体成员在运营任务清单对应的方格内打"√"。

(十三) 季末盘点

每季度末，企业应对现金、原材料、在产品和产成品进行盘点，并将盘点的数额与账面结存数进行核对，如果账实相符，则将该数额填写在对应的表格内；如果账实不符，则在找出原因后按照实际数填写。

余额的计算公式为

现金余额=季初余额+现金增加额-现金减少额
原材料库存余额=季初原材料库存数量+本期原材料增加数量-本期原材料减少数量
在产品余额=季初在产品数量+本期在产品投产数量-本期完工产品数量
产成品余额=季初产成品数量+本期产成品完工数量-本期产成品销售数量

零教学年第1季度季初现金盘点余额为18M，本季现金收入为0M，本季现金支出为4M，净现金流量=本季现金收入–本季现金流出=0–4=–4M，则第1季度季末现金盘点余额为18+(–4)=14M，财务总监应在现金收支明细表中对应的方格内填上"14M"。同时，采购总监也应盘点原材料库存，原材料库有4个R1。生产总监也应盘点产品库存，其包括在制品4个P1，产成品4个P1。

以上是零教学年第1季度的具体操作流程，第2、3、4季度的操作同第1季度，具体的运营记录详见表2-18。

表2-18 教学年的现金收支明细表运营记录

项目	时间/季			
	1	2	3	4
新年度规划会议/制订新年度计划	20M			
支付广告费(市场营销)	–1M			
支付上年应付税费	–1M			
季初现金盘点(请填余额)	18M	14M	10M	22M
短期贷款及利息				
原料采购支付现金	–2M	–1M	–1M	–1M
向其他企业购买/出售原材料				
向其他企业购买/出售成品				
变更费用(转产费用)				
生产线投资				
变卖生产线				
工人工资	–1M	–2M	–1M	–2M
应收账款到期/应收账款贴现金额		(2Q, 32M)	15M	32M
贴现费用				
产品研发投资				
支付行政管理费用	–1 M	–1M	–1M	–1M
更新(申请)长期贷款及支付利息				–4M
支付生产线维护费				–4M
支付厂房租金/购买新厂房				
计提生产线折旧				(5M)
市场开拓投资				
ISO认证投资				
其他现金收支情况登记				
现金收入总计	0	0	15M	32M
现金支出总计	4M	4M	3M	12M
净现金流量(NCF)	–4M	–4M	12M	20M
期末现金对账(请填余额)	14M	10M	22M	42M

❖ **提示：**
括号内的内容并非现金，不参与现金流量的计算。

四、年末执行的六项工作

(一) 更新长期贷款/支付利息/申请长期贷款

企业为了发展，可能需要借入长期贷款。长期贷款主要用于长期资产投资，如购买生产线、研发产品等。沙盘企业中，长期贷款只能在每年年末进行操作，贷款期限在一年以上，每年年末付息一次，到期还本。本年借入的长期借款，下年年末支付利息。

操作要点如下。

(1) 支付利息：财务总监根据企业已经借入的长期借款(年利率为10%)，计算本年应支付的利息，然后从现金库中取出相应的利息放置在盘面的"利息"处，并在现金收支明细表中对应的方格内登记因支付长期借款利息而减少的现金数。

(2) 更新长期贷款：财务总监将长期借款往库存现金库方向推进一格，表示偿还期限缩短一期。如果长期借款已经被推至现金库中，则表示长期借款到期，财务总监应持相应的现金和自制的"贷款登记表"到交易处归还该借款，并在现金收支明细表中对应的方格内登记因归还到期长期借款本金而减少的现金数。

(3) 申请长期贷款：财务总监应持上年报表和"贷款申请表"到交易处，经交易处审核后会发放贷款。财务总监收到贷款后，将现金放入现金库；同时，倒放一个空桶在长期贷款对应的账期处，空桶内放一张注明贷款金额、账期和贷款时间的长期贷款凭条。如果长期贷款续贷，财务总监应持上年报表和自制的"贷款申请表"到交易处办理续贷手续。之后，同样放一个空桶在长期贷款对应的账期处，空桶内放一张注明贷款金额、账期和贷款时间的凭条。操作完成之后，财务总监应在现金收支明细表中对应的方格内登记因借入长期借款而增加的现金数。在确定财务总监完成以上操作后，CEO带领全体成员在运营任务清单对应的方格内打"√"。

因零教学年年初有1桶3年的长期借款、1桶4年的长期借款，财务总监将它们分别往库存现金库方向推进一格，变为1桶2年期的、1桶3年期的，同时需要支付4M的利息，故财务总监应从现金库中取出4M放在盘面的"利息"处，并在现金收支明细表中对应的方格内填上因支付长期借款利息而减少的现金数"–4M"。在确定财务总监完成以上操作后，CEO带领全体成员在运营任务清单对应的方格内打"√"。

(二) 支付设备维护费

设备在使用过程中会发生磨损，要保证设备正常运转，就需要进行维护。设备维护会发生诸如材料费、人工费等维护费用。沙盘模拟企业经营中，只有生产线需要支付维护费。年末，只要有生产线，无论是否生产，企业都应支付维护费。尚未安装完工的生产线不必支付维护费。设备维护费每年年末用现金一次性集中支付。

操作要点如下。

财务总监根据期末现有完工的生产线支付设备维护费,支付设备维护费时,从现金库中取出现金放在盘面的"维护费"处,同时应在现金收支明细表中对应的方格内登记现金的减少数。在确定财务总监完成以上操作后,CEO带领全体成员在运营任务清单对应的方格内打"√"。

零教学年年末仍有四条生产线在大厂房里,本年度企业需要支付4M的设备维护费,故财务总监需从现金库中取出4M现金放在盘面的"维护费"处,同时应在现金收支明细表中对应的方格内填上支付设备维护费"−4M"。在确定财务总监完成以上操作后,CEO带领全体成员在运营任务清单对应的方格内打"√"。

(三) 支付租金(或购买厂房)

企业要生产产品,必须要有厂房。厂房可以购买,也可以租用。年末,企业如果在使用没有购买的厂房,则必须支付租金;如果不支付租金,则必须购买。

操作要点如下。

(1) 支付租金:财务总监从现金库中取出现金放在沙盘盘面的"租金"处,并在现金收支明细表中对应的方格内做好支付租金的记录。

(2) 购买厂房:从现金库中取出购买厂房的现金放在厂房的"价值"处,并在现金收支明细表中对应的方格内做好购买厂房的记录。

在确定财务总监完成以上操作后,CEO带领全体成员在运营任务清单对应的方格内打"√";如果不涉及上面的操作,则直接在运营任务清单对应的方格内打"√"。

零教学年没有支付租金/购买厂房的工作,故CEO只需要带领全体成员在运营任务清单对应的方格内打"√"即可。

(四) 计提折旧

固定资产在使用过程中会发生损耗,导致价值降低,企业应对固定资产计提折旧。沙盘模拟企业经营中,固定资产计提折旧的时间、范围和方法可以与实际工作一致,也可以采用简化的方法。本书采用了简化的处理方法,与实际工作有一些差异。这些差异主要表现在:折旧在每年年末计提一次,计提折旧的范围仅限于生产线,计提折旧的方法采用直线法取整计算。在会计处理上,折旧费全部作为当期的期间费用,没有计入产品成本。

操作要点如下。

财务总监计提折旧时,根据计算的折旧额从生产线的"价值"处取出相应的金额放置在盘面的"折旧"处,并在现金收支明细表对应处登记折旧的金额,金额填在括号里,因为它不涉及现金的收付,在计算现金支出时,折旧不能计算在内。

在确定财务总监完成以上操作后,CEO带领全体成员在运营任务清单对应的方格内打"√"。

零教学年折旧的具体情况:三条手工线各计提1M折旧,一条半自动线计提2M折旧,共计5M折旧费。财务总监与生产总监配合,分别从四条生产线的净值处将折旧拿出来,放在沙盘盘面的"折旧"处，并在现金收支明细表的相应位置登记折旧数5M。金额填在括号里，表示不是现金流量。在确定财务总监完成以上操作后，CEO带领全体成员在运营任务清单对应的方格内打"√"。

(五) 新市场开拓投资/ISO资格认证投资

企业要扩大产品的销路，必须开发新市场。不同的市场开拓所需要的时间和费用是不同的。同时，有的市场对产品有ISO资格认证要求，故企业需要进行ISO资格认证投资。沙盘模拟企业经营中，每年开拓市场和ISO资格认证的费用在年末一次性支付，计入当期的综合费用。

操作要点如下。

(1) 新市场开拓投资：营销总监从财务总监处申请开拓市场所需要的现金，放置在沙盘开拓市场对应的位置。当市场开拓完成，营销总监在年末持开拓市场的费用到交易处领取"市场准入"的标识，放置在对应市场的位置。财务总监需要把因支付开拓市场的费用而减少的现金数登记在现金收支明细表对应的方格内。

(2) ISO资格认证投资：营销总监从财务总监处申请ISO资格认证所需要的现金，放置在ISO资格认证对应的位置。当认证完成，营销总监在年末持认证投资的费用到交易处领取"ISO资格认证"标识，放置在沙盘对应的位置。财务总监需要把因支付ISO资格认证的费用而减少的现金数登记在现金收支明细表对应的方格内。

在确定营销总监和财务总监完成以上操作后，CEO带领全体成员在运营任务清单对应的方格内打"√"；如果不涉及上面的操作，则直接在运营任务清单对应的方格内打"√"。

由于运营的规定，零教学年不涉及该项工作，故CEO只需带领全体成员在运营任务清单对应的方格内打"√"即可。

(六) 关账

一年经营结束，财务总监在年终要进行一次"盘点"，编制"综合管理费用明细表""资产负债表"和"利润表"。一经结账，本年度的经营也就结束了，本年度所有的经营数据便不能随意更改。关账后，CEO带领全体成员在运营任务清单对应的方格内打"√"。

至此，零教学年模拟企业运营的基本流程已经结束，具体经营数据详见表2-18，CEO只需带领全体成员在运营任务清单中"关账"的对应方格内打"√"即可。

五、编制零教学年运营结束之后的会计报表

企业日常经营活动结束后，年末进行各种账项的计算和结转，编制各种报表，计算当年的经营成果，反映当年的财务状况，并对当年经营情况进行分析和总结。

(一) 综合费用明细表

综合费用明细表(格式见表2-19)综合反映在经营期间发生的各种除产品生产成本、财务费用以外的其他费用，主要根据沙盘盘面上"综合费用"处的各项支出进行填写。

表2-19 综合费用明细表

项目	金额/百万元	备注
行政管理费	4	
广告费(市场营销)	1	
设备维护费	4	
租金		
转产费(变更费用)		
市场准入开拓		□区域　□国内　□亚洲　□国际
ISO资格认证		□ISO9000　□ISO14000
产品研发		P2(　)　P3(　)　P4(　)
其他		
合计	9	

综合费用明细表的填制方法如下。

(1)"行政管理费"项目：根据企业当年支付的行政管理费填列，可查看沙盘盘面上"行政管理"处的灰币数。企业每季度支付1M的行政管理费，全年共支付行政管理费4M。

(2)"广告费"项目：根据企业当年年初"广告登记表"中填列的广告费填列，可查看沙盘盘面上"广告费"处的灰币数。

(3)"设备维护费"项目：根据企业实际支付的设备维护费填列，可查看沙盘盘面上"设备维护费"处的灰币数。根据规则，只要生产线建设完工，不论是否生产，企业都应当支付设备维护费。

(4)"租金"项目：根据企业支付的厂房租金填列，可查看沙盘盘面上"租金"处的灰币数。

(5)"转产费"项目：根据企业生产线转产支付的转产费填列，也叫变更费用，可查看沙盘盘面上"转产费"处的灰币数。

(6)"市场准入开拓"项目：根据企业本年开发市场支付的开发费填列，可查看本年度现金收支明细表中的记录数额。为了明确所开拓的市场，需要在"备注"栏本年开拓的市场前打"√"。

(7)"ISO资格认证"项目：根据企业本年ISO资格认证支付的认证费填列，可查看本年度现金收支明细表中的记录数额。为了明确认证的种类，需要在"备注"栏本年认证的名称前打"√"。

(8)"产品研发"项目：根据本年企业研发产品支付的研发费填列，可查看本年度现金收支明细表中的记录数额。为了明确产品研发的品种，应在"备注"栏产品名称后的括号内打"√"。

(9)"其他"项目：主要根据企业发生的其他支出填列，可查看沙盘盘面上"其他"处的灰币数，例如，订单发生违约时，计算的违约金等。

(二) 利润表

完成一年经营后，首先根据盘面各费用项目生成综合费用表，之后再生成利润表。

利润表(格式详见表2-20)是反映企业一定期间经营状况的会计报表。利润表把一定期间内的营业收入与相关的成本费用相配比，从而计算出企业一定时期的利润。通过编制利润表，可以反映企业生产经营的收益情况、成本耗费情况，进而反映企业生产经营成果。同时，通过比较利润表提供的不同时期的数字，可以分析企业利润的发展趋势和获利能力。

表2-20　零教学年的简易利润表

项目	运算符号	上年数(起始年)/百万元	本年数(第0年)/百万元
销售收入	+	35	32
直接成本	−	12	12
毛利	=	23	20
综合费用	−	11	9
折旧前利润	=	12	11
折旧	−	4	5
支付利息前利润	=	8	6
财务收入/支出	+/−	4	4
额外收入/支出	+/−	0	0
税前利润	=	4	2
所得税	−	1	0
净利润	=	3	2

利润表的编制方法如下。

利润表中"上年数"栏反映各项目的上年的实际发生数，根据上年利润表的"本年数"填列。利润表中"本年数"栏反映各项目本年的实际发生数，根据本年实际发生额的合计填列。

(1) "销售收入"项目：反映企业销售产品取得的收入总额，不论该销售有无收现，均计入当年销售收入。本项目应根据"产品核算统计表"填列。

(2) "直接成本"项目：反映企业本年已销售产品的实际成本。本项目应根据"产品核算统计表"填列。

(3) "毛利"项目：反映企业销售产品实现的毛利。本项目应根据销售收入减去直接成本后的余额填列。

(4) "综合费用"项目：反映企业本年发生的综合费用。本项目应根据"综合费用表"的合计数填列。

(5) "折旧前利润"项目：反映企业在计提折旧前的利润。本项目应根据毛利减去综合费用后的余额填列。

(6) "折旧"项目：反映企业当年计提的折旧额。本项目应根据当期计提的折旧额填列。

(7) "支付利息前利润"项目：反映企业支付利息前实现的利润。本项目应根据折旧前利润减去折旧后的余额填列。

(8) "财务收入/支出"项目：反映企业本年发生的财务收入或者财务支出，如长短借款利息、贴息(只记已经付现的费用)等。本项目应根据沙盘上的"利息"填列。

(9)"额外收入/支出"项目：反映企业形成的营业外收入和支出等，如订单违约的罚金等。

(10)"税前利润"项目：反映企业本年实现的利润总额。本项目应根据支付利息前的利润加财务收入减去财务支出，再加上其他收入减去其他支出后的余额填列。

(11)"所得税"项目：反映企业本年应缴纳的所得税费用。本项目应根据税前利润乘以所得税税率取整后的数额填列。

(12)"净利润"项目：反映企业本年实现的净利润。本项目应根据税前利润减去所得税后的余额填列。

> ❖ **提示：**
>
> 如果企业前几年净利润为负数，今年的盈利为正数，则可以用税前利润先弥补5年内的亏损。

(三) 资产负债表

完成利润表后，可以生成资产负债表。

资产负债表(格式详见表2-21)是反映企业某一特定日期财务状况的会计报表。它是根据"资产=负债+所有者权益"的会计等式编制的。从资产负债表的结构可以看出，资产负债表由期初数和期末数两个栏目组成。资产负债表中"期初数"栏的各项目数字应根据上年年末资产负债表中"期末数"栏内所列的数字填列。

表2-21 零教学年的简易资产负债表

单位：百万元

资产	期初数	期末数	负债和所有者权益	期初数	期末数
流动资产：			**负债**		
库存现金	20	42	长期负债	40	40
应收账款	15	0	短期负债		
在产品	8	8	应付账款		
产成品	6	6	应交税费	1	0
原材料	3	2	一年内到期的长期负债		
流动资产合计	52	58	负债合计	41	40
固定资产：			**所有者权益：**		
土地和建筑	40	40	股东资本	50	50
机器与设备	13	8	利润留存	11	14
在建工程			年度净利	3	2
固定资产合计	53	48	所有者权益合计	64	66
资产总计	105	106	负债和所有者权益总计	105	106

资产负债表中"期末数"栏的各项目主要根据有关项目期末余额资料填列。

(1)"资产类"项目："库存现金"根据盘点后现金库中的现金数额填列；"应收账

款"根据盘点后的应收账款数额填列;"在产品"根据盘点后生产线上的在制品价值填列;"产成品"根据盘点后成品库中的成品价值填列;"原材料"根据盘点后原料库中的原料价值填列;"流动资产合计"为以上5项之和。"土地和建筑"为厂房价值之和;"机器与设备"根据盘点后的设备价值填列;"在建工程"根据盘点后的在建设备价值填列;"固定资产合计"为以上3项之和。"资产总计"为"流动资产合计"与"固定资产合计"之和。

(2)"负债类"项目:"长期负债"和"短期负债"根据沙盘上的长期借款和短期借款数额填列,如果有将于一年内到期的长期负债,应将其扣除单独反映在"一年内到期的长期负债"项目中;"应付账款"根据盘点后的应付账款填列;"应交税费"根据企业本年利润表中所得税项目的金额填列;"负债合计"为以上5项之和。

(3)"所有者权益类"项目:"股东资本"在本年股东没有增资的情况下,直接根据上年年末利润表中的股东资本项目填列,如果发生了增资,则为上年年末的股东资本加上本年增资的资本;"利润留存"根据上年利润表中利润留存和年度净利两个项目的合计数填列;"年度净利"根据利润表中的净利润项目填列。

> ❖ 提示:
>
> (1)在产品、产成品、原材料入账的是价值,而非数量。
> (2)假设每年的净利润不进行对外分配,则期末利润留存数"14"是由上年的利润留存数"11"加上上年年度净利"3"得来的。

任务八　开始ERP企业模拟经营沙盘实验年与实训年

如果零教学年是"扶上马,送一程"的话,那么ERP企业经营模拟沙盘的两年实验年,就是热身赛。热身赛(实验年)是一个调动大家参与热情与积极性,激发内在潜能与斗志的过程。在每一轮沙盘竞赛后,总会听到这样的声音:时间太短,才醒悟过来就结束了;假如再来一次,我会如何……这个快速的热身赛就是为后面的正式实战对抗做准备的。

一、企业实验年/实训年的初始状态

零教学年经营结束后,各企业的新管理层将以零教学年年末的状态完全独立经营。经过零教学年的运营后,企业沙盘盘面上的状态如下。

(一) 流动资产

(1)库存现金:42M,库存现金库中放置2桶零2个灰币。
(2)在产品:8M,4个P1在制品。其中,3个P1在制品分别置于手工线第2、第3、第1生产周期;1个P1在制品置于半自动线第1生产周期。
(3)产成品:6M,P1成品库中有3个P1产成品。
(4)原材料:2M,2个R1原材料,1个R1订单。
综合以上4项,企业流动资产共计58M。

(二) 固定资产

(1) 土地和建筑：40M，企业拥有一个大厂房。

(2) 机器与设备：8M，企业拥有手工生产线3条，每条净值2M，半自动生产线1条，净值2M。

综合以上2项，企业固定资产共计48M。

(三) 负债

长期负债：40M，其中2年到期的长期负债20M，3年到期的长期负债20M，通过放置2个空桶来表示。

综合以上1项，企业负债共计40M。

(四) 所有者权益

(1) 股东资本。目前，企业股东资本为50M。

(2) 利润留存。目前，企业利润留存为14M。

(3) 年度净利润。本年度，企业净利润为2M。

综合以上3项，企业所有者权益共计66M。

经过零教学年的模拟经营之后，企业新管理层即将真正参与实训的企业初始状态沙盘盘面如图2-18所示。从沙盘盘面可以看出：大厂房，价值40M；生产线4条，价值8M；成品库3P1，价值6M；生产线4P1，价值8M；原材料库2R1，价值2M，1个R1订单；现金，价值42M；长期负债2Y，价值20M，长期负债3Y，价值20M。

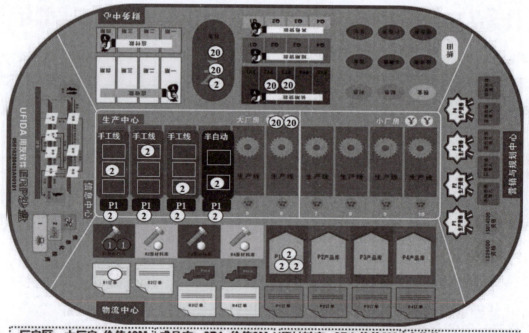

图2-18 企业实训年初始状态的盘面

二、实验年/实训年经营

所用记录表格见附录A手工沙盘实训辅助图表。各企业一定要简要总结热身赛(实验年)的成败得失,学会用数据说话,目的是更好地应对下一步的实战对抗(实训年)。

思考:
(1) 要研发什么产品?
(2) 要开拓哪些市场?
(3) 要进行ISO资格认证吗?何时认证合适?
(4) 厂房是大还是小,是买还是租?
(5) 要购买什么样的生产线?什么时间购买?购买几条?购买后用来生产什么?
(6) 是否需要订购原材料?
(7) 是否需要向银行借款?是长期贷款还是短期贷款?贷多少?

实训开始,同学们一定要注意,这是一场商业实战,"六年"的辛苦经营将把每个团队的经营潜力发挥得淋漓尽致,在这里可以看到激烈的市场竞争、部门间的密切协作、新掌握经营理念的迅速应用,以及团队的高度团结。实训原则如下。

(1) 比赛第二,诚信第一!
(2) 遵守规则,自我监督!
(3) 重在体验,重在感悟!

再次提醒同学们一定要注意时间的把握,具体时间安排如下。

(1) 制定年度经营规划及营销方案——30分钟。
(2) 各组按竞单规则选择订单——15分钟。
(3) 组织企业运营及财务关账——60分钟。
(4) 学生、教师进行业绩分析并点评——20分钟。
(5) 商业间谍活动——10分钟。

三、反思与总结

企业模拟经营结束后,CEO应召集所有团队成员对当年的经营情况进行分析,分析决策的成功与失误,分析经营的得与失,分析实际与计划的偏差及其原因等。同学们要记住,这是一个全新的开始,充满挑战与机遇,一定要用心总结,用笔记录。沙盘模拟是训练思维的过程,同时也应该成为锻炼动手能力的过程。

单元小结

本单元主要介绍如何组建团队及企业模拟经营中各角色的职责范围,设置了所要模拟经营企业的初始状态,帮助各成员读懂市场预测分析数据,掌握制造企业的运营流程,使各团队成员认清沙盘模拟与真实企业运营的规则有何不同,体验零教学年和实验年的热身赛,体会企业经营的艰辛,进而达到本单元实训的目的。

第三单元

ERP 企业模拟经营商战实训

单元目标：

- 了解商战沙盘的特点，掌握商战沙盘与手工沙盘的关系。
- 掌握商战沙盘的运营规则，学会分析商战沙盘的市场预测。
- 了解商战电子沙盘系统管理员端和教师端操作，掌握商战沙盘学生端操作。
- 熟悉企业运营流程和财务报表的编制。
- 通过ERP商战实训对企业经营有更深刻的认识。

任务一　商战沙盘简介
任务二　商战沙盘企业经营的初始状态
任务三　商战沙盘的重要经营规则
任务四　商战沙盘的市场预测
任务五　商战沙盘系统管理员端和教师端操作
任务六　商战沙盘学生端操作
任务七　商战实训中企业的运营流程
任务八　开始商战沙盘实验年与实训年

ERP手工沙盘经营侧重于对企业的综合认知，但这一训练存在不可回避的3个问题。

(1) 企业经营监控不力。在企业运营的各个环节，如营销环节、运营环节、财务环节等存在有意或无意的疏漏和舞弊，控制成本巨大。

(2) 受时间及空间限制，参与课程人数有限。

(3) 教师工作量大，无法做到精细数据管理。

"商战"电子沙盘是用友公司资深专家和高校教师联合开发的最新企业经营模拟软件，首创基于流程的互动经营模式，实现了选单、经营过程、报表生成、赛后分析的全自动化，将教师彻底从选单、报表录入、监控中解放出来，而将重点放在了企业经营的本质分析上。

任务一 商战沙盘简介

商战实践平台注重经营过程、模拟情景，适合没有从业经验的大学生，其核心是模拟出企业经营场景并对过程进行合理控制。学生能够获得经营的感性认识，然后以此为基础，在一步步决策过程中收获管理知识。

一、商战沙盘的特点

"商战实践平台"是继"创业者"企业模拟经营系统之后的新一代模拟经营类软件。该平台在继承ERP沙盘特点的基础上，吸收了众多经营类软件的优点，其特点如下。

(1) 全真模拟企业经营过程及市场竞争氛围，集成选单、多市场同选、竞拍、组间交易等多种市场方式。

(2) 自由设置市场订单和经营规则。订单和规则均是一个文件，只要置于对应目录下就可使用，并可与全国的同行交流规则和订单。

(3) 更友好的界面设置，更强的互动体验，操作简便。

(4) 系统采用B/S结构设计，内置信息发布功能，可以支持2~99个队伍同时经营。

(5) 经营活动全程监控，经营数据记录完整，财务报表自动核对，经营数据以Excel格式导出，教学管理更加轻松。

(6) 软件自带数据引擎，无须借助外部数据库，免去了烦琐的数据库配置；自带IIS发布，无须做复杂的IIS配置，安装使用简便易行。

(7) 与实物沙盘兼容，可用于教学，用于竞赛更具优势。

(8) 强大的用户决策跟踪功能，可无遗漏暴露决策失误，便于进行赛后复盘分析。

二、商战沙盘和手工沙盘的关系

商战沙盘和手工沙盘的主要区别如下。

(1) 商战沙盘的运营流程控制更严格，不允许任意改变运营流程表中各项目的顺序，如必须先还旧债再借新债。

(2) 某些工作在手工沙盘中需要手动完成，而在商战沙盘中由系统自动完成，如产品更新入库、更新贷款、支付行政管理费等。

(3) 商战沙盘系统支持两个市场同时选单，增加了竞拍会。

(4) 商战沙盘系统对各任务操作次数有严格规定，某些任务可以操作多次，而某些任务一个季度只能操作一次。

任务二　商战沙盘企业经营的初始状态

一、企业经营的初始状态

新道新商战沙盘系统V5.0不同于ERP手工沙盘。ERP手工沙盘实训中，模拟企业是一家已经运营了3年的企业，该企业已经具备了一定的生产能力和生产资格，但该企业设备陈旧，产品、市场单一(仅有本地市场)，面临困境。鉴于此，公司董事会及全体股东决定将企业交给一批优秀的新人去发展。而商战实训中，模拟企业只有一定的初始资金，从第一年开始自主经营，经营思路由自己来确定，符合大学生创业的实际情况。

"新道新商战沙盘系统V5.0"以创业模式经营，即初始只有现金(股东资本)，参考值为600W(万元)。指导教师可根据学生的实际情况，酌情调整初始现金数额。若初次经营可放宽至650W，熟悉后或比赛可设置为550W。

二、经营前准备

(一) 学生

学生在经营前应做的准备如下。
(1) 角色到位：总经理、财务总监、生产总监、营销总监、采购总监。
(2) 每队至少有一台联网的电脑，用于输入经营决策。
(3) 经营流程表、会计报表、预算表、产品核算统计表等若干。

(二) 管理员(教师)

管理员在经营前应做如下准备。
(1) 服务器安装、网络连接、投影仪等到位。
(2) 插入加密锁(USB)。
(3) 双击桌面上的"新道新商战沙盘系统"图标，如图3-1所示，然后单击"系统启动"按钮，当桌面右下角出现"商战"标志时，如图3-2所示，服务启动成功。

图3-1　新道新商战沙盘系统

图3-2　商战系统启动标识

任务三　商战沙盘的重要经营规则

下面以新道新商战沙盘系统V5.0本科教学规则二(10组)为例,进行规则介绍。

一、生产线

以表3-1的规定为准,新建生产线时,要按"安装周期"平均支付投资,全部投资到位后的下一季度方可接单生产。生产线开始建设及建成后,不允许在不同厂房间移动,只有空闲并且已经建成的生产线方可转产。不论何时出售生产线,从生产线净值中取出相当于残值的部分计入现金,净值与残值之差计入损失。当年建成的生产线、转产中的生产线都要交维修费。租赁线不需要购置费,无安装周期,不提折旧,不发生维修费,表格中的维修费65W/年可以理解为一年的租金,在年末扣除;租赁线没有残值,表中残值–65W应理解为在退租时,系统将扣除65W清理费用,计入损失。租赁线、超级手工线不计综合评估时的加分项。

表3-1　生产线购置、安装、生产、转产、维修和残值

生产线	购置费	安装周期	生产周期	维修费	残值	转产周期	转产费	分值
超级手工线	35W	无	2Q	5W/年	5W	无	无	0分
自动线	150W	3Q	1Q	20W/年	30W	1Q	20W	8分
柔性线	200W	4Q	1Q	20W/年	40W	无	无	10分
租赁线	0W	无	1Q	65W/年	–65W	1Q	20W	0分

> ◆ 提示:
> 当年租赁的租赁线在年末退租,仅扣除清理费用,不再交纳当年的租金。

二、折旧

生产线按照直线法(平均年限法)计提折旧,生产线建成当年不提折旧。当净值等于残值时生产线不再计提折旧,但可以继续使用。租赁线不提折旧。相关情况如表3-2所示。

表3-2　生产线的折旧

生产线	购置费	残值	建成第1年	建成第2年	建成第3年	建成第4年	建成第5年
超级手工线	35W	5W	0	10W	10W	10W	0W
自动线	150W	30W	0	30W	30W	30W	30W
柔性线	200W	40W	0	40W	40W	40W	40W

三、融资

长期贷款期限为2~5年,短期贷款期限为4个季度(一年)。长期贷款借入当年不付利息,从第二年年初开始,每年按年利率支付利息,到期还本时,支付最后一年利息。短期贷款到期时,一次性还本付息。长期贷款和短期贷款均不可提前还款。当年企业可贷款数

额=上年的所有者权益×3 – 已贷的长期贷款 – 已贷的短期贷款。融资情况如表3-3所示。

表3-3 融资

贷款类型	贷款时间	贷款额度	年息	还款方式
长期贷款	每年年初	所有长期贷款和短期贷款之和不能超过上年所有者权益的3倍	10%	年初付息，到期还本；每次贷款数额不低于10万元
短期贷款	每季度初		5%	到期一次还本付息；每次贷款数额不低于10万元
资金贴现	任何时间	视应收款数额而定	10%(1季、2季)，12.5%(3季、4季)	变现时贴息，不能联合应收账期不同的应收账款贴现
库存拍卖	原材料打八折，成品按成本价			

> **提示：**
> 长期贷款利息计算：所有不同年份长期贷款加总再乘以利率，然后四舍五入算利息。
> 短期贷款利息计算：按每笔短期贷款分别计算，然后四舍五入计算利息。
> 贴息计算：应收账期不同的应收账款贴现分别计算利息，然后向上取整，1季贴现贴息=1季金额×10%；2季贴现贴息=2季金额×10%；3季贴现贴息=3季金额×12.5%；4季贴现贴息=4季金额×12.5%。

四、厂房

如表3-4所示，厂房类型有3种：大厂房、中厂房和小厂房。各类厂房可以任意组合使用，但总数不能超过4个，如租1个大厂房、买3个中厂房，或者买1个大厂房、租3个小厂房等。每季度均可进行厂房的租赁或购买。如果决定租用厂房或者厂房买转租，租金在开始租用时交付。厂房租期为1年，例如，第1年第2季度租的，则第2年第2季度到期。厂房租赁到期后可进行"租转买""退租"(退租要求厂房中没有任何生产线)等处理。如果租赁到期，未对厂房进行"厂房处理"，则系统自动做续租处理，租金在"当季结束"时和"行政管理费"一并扣除。已购厂房随时可以按原值出售，获得账期为4Q的应收账款。厂房不计提折旧。

表3-4 厂房购买、租赁和出售

厂房	购买价格	租金	出售价格	容量	购买上限	分值
大厂房	400W	40W/年	400W(4Q)	4条	4个	10分
中厂房	300W	30W/年	300W(4Q)	3条	4个	8分
小厂房	180W	18W/年	180W(4Q)	2条	4个	7分

五、市场准入

如表3-5所示，市场分为本地、区域、国内、亚洲和国际市场5种，企业自行决定开发哪些市场。开发费用按开发时间在年末平均支付，企业不允许加速投资，但可中止或中断投资。企业中断投资时，已投入的资金依然有效。市场开发完成后，企业领取相应的市场准入证，开发完成的市场无须交维护费，若中途停止使用，也可继续拥有市场准入资格并在以后年份使用。市场开拓只能在每年第四季度操作。

表3-5　市场开发费用及时间

市场	开发费用	时间	分值
本地	10W/年×1年=10W	1年	7分
区域	10W/年×1年=10W	1年	7分
国内	10W/年×2年=20W	2年	8分
亚洲	10W/年×3年=30W	3年	9分
国际	10W/年×4年=40W	4年	10分

六、ISO认证

如表3-6所示，ISO资格认证包括ISO9000和ISO14000。认证费用在年末平均支付，企业不允许加速投资，但可中止或中断投资。企业中断投资时，已投入的资金依然有效。ISO资格认证完成后，企业领取相应的资格证，无须交维护费，若中途停止使用，也可继续拥有资格并在以后年份使用。ISO认证只能在每年第四季度操作。

表3-6　ISO资格认证投入时间及费用

资格认证	认证费用	时间	分值
ISO9000	10W/年×2年=20W	2年	8分
ISO14000	20W/年×2年=40W	2年	10分

七、产品研发

如表3-7所示，P系列产品有P1、P2、P3、P4四种，企业根据需求进行产品开发。开发费用按季度平均支付，企业不允许加速投资，但可中止或中断投资，中断投资时，已投入的资金依然有效。产品研发完成后，企业领取相应的资格证，可以开始生产。P1产品由1个R1原材料(价值10W)和10W加工费构成，单位直接成本为20W。P2产品由1个R2原材料、1个R3原材料和10W加工费构成，单位直接成本为30W。P3产品由1个R1原材料、1个R3原材料、1个R4原材料和10W加工费构成，单位直接成本为40W。P4产品比较特殊，P1作为生产P4的中间品出现，同时再加上1个R1原材料、1个R3原材料和10W加工费，单位直接成本为50W。

表3-7　产品研发时间、费用及组成

名称	开发费用	开发周期	加工费	直接成本	产品组成	分值
P1	10W/季×2季=20W	2季	10W/个	20W/个	R1	7分
P2	10W/季×3季=30W	3季	10W/个	30W/个	R2+R3	8分
P3	10W/季×4季=40W	4季	10W/个	40W/个	R1+R3+R4	9分
P4	10W/季×5季=50W	5季	10W/个	50W/个	P1+R1+R3	10分

❖ 提示：

不论用何种生产线生产何种产品，加工费均为10W/个。

八、原材料

如表3-8所示，R1、R2原材料订货提前期为1季，R3、R4原材料订货提前期为2季。预订原材料时不需要付款，当预订的原材料到货时必须以现金支付货款，不允许赊账。

表3-8 原材料购买价格及采购周期

名称	购买价格	提前期
R1	10W/个	1季
R2	10W/个	1季
R3	10W/个	2季
R4	10W/个	2季

九、紧急采购

紧急采购的情况下，不需要预订，付款即到货，可马上投入生产或销售，但原材料价格为直接成本的2倍，成品价格为直接成本的3倍。例如，紧急采购R1或R2，每个原材料单价为20W/个；紧急采购P1，单价为60W/个；紧急采购P2，单价为90W/个。

紧急采购原材料和产品时，直接扣除现金。上报报表时，成本仍然按照标准成本记录，紧急采购多付出的成本计入费用表"损失"项。

十、选单规则

投10W广告费有一次选单机会，每增加20W多一次机会。如果投小于10W的广告费，则无选单机会，但仍扣广告费，这对计算市场广告额有效。例如，广告投放可以为6W、7W，但无选单机会。投广告一般只规定最晚时间，没有最早时间，即当年结束后可以马上投广告。

（一）选单顺序

(1) 按本市场、本产品广告投放额从大到小的顺序依次选单。
(2) 如果两队本市场、本产品广告额相同，则看本市场所有产品的广告投放总额。
(3) 如果本市场所有产品广告投放总额也相同，则看上年本市场销售排名。
(4) 如仍无法决定，先投广告者先选单，依据系统时间决定。
(5) 如参数选择中有"市场老大"，"市场老大"有该市场所有产品的优先选单权。

（二）开单顺序

(1) 选单时，两个市场同时开单，各队需要同时关注两个市场的选单进展。
(2) 当其中一个市场先结束，第三个市场立即开单，即任何时候都会有两个市场同时开单,直到最后只剩下一个市场选单未结束。

(3) 市场开放顺序:(本地+区域)、国内、亚洲、国际。

(4) 各市场内产品按P1、P2、P3、P4的顺序独立放单。

(5) 选单时各队需要单击相应的"市场"按钮,一个市场选单结束,系统不会自动跳到新开放的市场。

> ❖ **提示:**
>
> 假设有本地、区域、国内、亚洲4个市场进行选单:首先,本地和区域市场同时开单,当本地市场选单结束,国内市场立即开单,此时区域、国内两个市场保持同开,当区域市场结束选单后,亚洲市场立即开单,即国内、亚洲两个市场同开,直至选单结束。

(三) 选单注意事项

(1) 出现确认提示框后要在倒计时大于5秒时按下"确认"按钮,否则可能造成选单无效。

(2) 在某细分市场(如本地、P1)有多次选单机会,只要放弃一次,则视同放弃该细分市场所有的选单机会。

(3) 破产队可以参加选单,限制破产队每年的广告投放总额不能超过60W。

(4) 选单中有意外,请立即告知教师,教师会暂停倒计时。

十一、竞单会

竞拍界面如图3-3所示,系统一次放3张订单后同时竞拍,并显示所有订单,具体竞单年份以市场预测发布为准。竞拍会的订单,其价格、交货期、账期都是各个队伍根据自身情况自行填写及选择的,系统默认总价是成本价,交货期为1期交货,账期为4账期,如要修改则需要手动修改。

U12参加第3年竞拍会,当前回合剩余竞拍时间为**77**秒

ID	订单编号	市场	产品	数量	ISO	状态	得单用户	总金额	交货期	账期
1	3J01	本地	P1	2	-	设置竞价	-	-	-	-
2	3J02	本地	P2	2	-	设置竞价	-	-	-	-
3	3J03	本地	P3	3	-	设置竞价	-	-	-	-
4	3J04	本地	P4	1	9	等待	-	-	-	-
5	3J05	区域	P2	3	-	等待	-	-	-	-
6	3J06	区域	P3	4	9 14	等待	-	-	-	-
7	3J07	区域	P4	4	-	等待	-	-	-	-
8	3J08	区域	P5	2	-	等待	-	-	-	-
9	3J09	国内	P1	6	14	等待	-	-	-	-
10	3J10	国内	P2	3	9	等待	-	-	-	-
11	3J11	国内	P4	2	-	等待	-	-	-	-
12	3J12	国内	P5	3	9 14	等待	-	-	-	-

图3-3 竞拍界面

(一) 投标资质

参与投标的公司需要有相应市场、ISO认证的资质，但不必有生产资格。中标的公司需为该单支付10W标书费，在竞标会结束后一次性扣除，计入广告费项目。

如果(已竞得单数+本次同时竞单数)×10 >现金余额，则不能再竞单，即必须有一定现金库存作为保证金。例如，某队同时竞拍3张订单，库存现金为56W，已经竞得3张订单，扣除了30W标书费后，还剩余26W库存现金，则该队不能继续参与竞单，因为万一它再竞得3张订单，26W库存现金不足以支付标书费30W。

为防止恶意竞单，系统对竞得订单张数进行限制，如果某队已竞得订单张数 > ROUND(3×该年竞单总张数/参赛队数)，则不能继续竞单。ROUND表示四舍五入，如上式为等于，则可以继续参与竞单。

> **提示：**
> 参赛队数指经营中的队伍，破产继续经营的队伍也算在内，破产退出经营的则不算在内。例如，某年的竞单，共有40张订单，20队(含破产继续经营的)参与竞单，当一队已经得到7张订单，因为7>ROUND(3×40/20)，所以一队不能继续竞单，但如果已经竞得6张，则其可以继续参与竞单。

(二) 投标

参与投标的公司须根据所投标的订单，在系统规定时间(90秒，以倒计时秒形式显示)内单击要参与竞拍的订单，设置竞价，填写竞拍总价，总价不能低于(可以等于)成本价，也不能高于(可以等于)成本价的3倍(在价格范围内的整数)，并选择交货期和账期。拍卖会竞价设置界面如图3-4所示。

确认后由系统按照以下公式计算得分。

得分=100+(5-交货期)×2+应收账期-8×总价/(该产品直接成本×数量)

以得分最高者中标。如果计算分数相同，则先提交者中标。

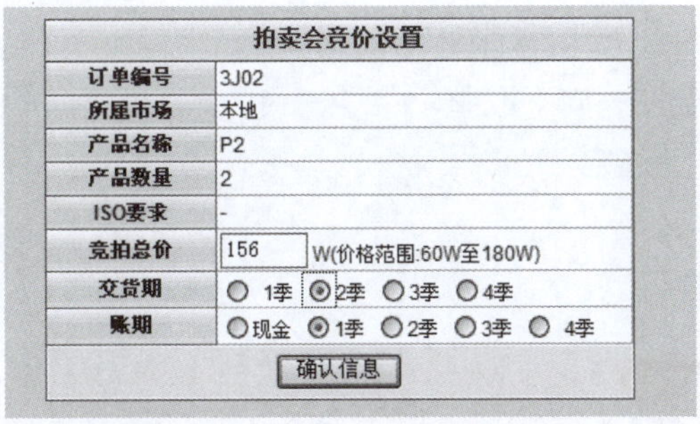

图3-4 拍卖会竞价设置界面

(三) 竞单注意事项

竞单时不允许紧急采购，不允许有市场间谍。竞单必须留足时间，如在倒计时小于或等于5秒时再提交，可能无效。竞得订单与选中订单一样，算市场销售额。破产队不可以参与投标竞单。竞拍结果界面如图3-5所示。

U04参加第3年竞拍会，当前回合剩余竞拍时间为12秒

ID	订单编号	市场	产品	数量	ISO	状态	得单用户	总金额	交货期	账期
1	3J01	本地	P1	2	-	完成	U04	119W	1季	0季
			↑本用户出价					119W	1季	0季
2	3J02	本地	P2	2	-	完成	U01	180W	1季	0季
			↑本用户出价					180W	4季	0季
3	3J03	本地	P3	3	-	完成	-	-	-	-
4	3J04	本地	P4	1	9	完成	U01	149W	2季	0季
5	3J05	区域	P2	3	-	完成	U04	269W	3季	0季
			↑本用户出价					269W	3季	0季
6	3J06	区域	P3	4	9 14	完成	U02	475W	4季	0季
7	3J07	区域	P4	4	-	完成	U01	598W	4季	1季
8	3J08	区域	P5	2	-	完成	U04	356W	2季	4季
			↑本用户出价					356W	2季	4季
9	3J09	国内	P1	6	14	完成	U04	360W	1季	0季
			↑本用户出价					360W	1季	0季
10	3J10	国内	P2	2	9	完成	-	-	-	-
11	3J11	国内	P4	2	-	设置竞价				
12	3J12	国内	P5	3	9 14	设置竞价				
			↑本用户出价					525W	4季	0季

图3-5 竞拍结果界面

十二、订单规则

订单必须在规定季度交货，可以提前交货。若未在订单规定交货季度内交货，系统会收回订单，同时按照订单销售金额的20%罚款。罚款在当年结束时扣除现金，计入损失。应收账期从交货季度开始算。应收账款收回由系统自动完成，不需要各队填写收回金额。

十三、取整规则

取整规则具体如下。
(1) 违约金扣除——四舍五入(每张订单分开算)。
(2) 库存出售所得现金——向下取整。
(3) 贴现费用——向上取整。
(4) 扣税——四舍五入。
(5) 贷款利息——四舍五入。

十四、破产处理

当经营企业的现金断流或权益为负时，企业破产。破产企业由教师视情况适当增资后继续经营，但不得参加有效排名。破产企业不得参加竞拍。为了确保破产企业不致过多影响其他企业的正常运营，限制破产企业每年的广告投放总额不能超过60W。

十五、税金、特殊费用项目

(一) 税金

只计算所得税,每年的利润要先弥补以前年度的累计亏损,之后再按剩余盈余的25%提取税金。

(二) 特殊费用

库存折价拍卖、生产线变卖、紧急采购、订单违约计入其他损失。增资计入负损失。

十六、重要参数

其他重要参数如图3-6所示。

违约金比例	20.00%	贷款额倍数	3 倍
产品折价率	100.00%	原材料折价率	80.00%
长贷利率	10.00%	短贷利率	5.00%
1、2期贴现率	10.00%	3、4期贴现率	12.50%
初始现金	600 W	管理费	10 W
信息费	1 W	所得税税率	25.00%
最大长贷年限	5 年	最小得单广告额	10 W
原材料紧急采购倍数	2 倍	产品紧急采购倍数	3 倍
选单时间	60 秒	首位选单补时	25 秒
市场同开数量	2 个	市场老大	无
竞单时间	90 秒	竞单同竞数	3
最大厂房数量	4 个		

图3-6 重要参数

> **提示:**
> 每市场、每产品选单时第一组选单时间为85秒,自第二组起,选单时间为60秒。图3-6中的参数可由组织者根据情况修改。

任务四 商战沙盘的市场预测

一、订货会市场预测

商战沙盘实际选单从第2年开始,市场预测表见表3-9。

表3-9 市场预测表

市场预测表——均价							
序号	年份	产品	本地	区域	国内	亚洲	国际
1	第2年	P1	50.84	50.44	0	0	0
2	第2年	P2	70.94	70.53	0	0	0
3	第2年	P3	87.48	87.67	0	0	0
4	第2年	P4	129.67	129.05	0	0	0
5	第3年	P1	49.67	49.53	47.53	0	0
6	第3年	P2	70.11	70.46	68.70	0	0
7	第3年	P3	82.58	82.80	0	0	0
8	第3年	P4	131.83	130.50	132.23	0	0
9	第4年	P1	48.45	49.35	47.40	0	0
10	第4年	P2	70.94	71.09	71.07	71.96	0
11	第4年	P3	89.50	90.67	0	89.84	0
12	第4年	P4	135.38	134.28	135.04	0	0
13	第5年	P1	50.43	50.50	50.18	0	0
14	第5年	P2	68.73	69.32	69.18	71.60	0
15	第5年	P3	81.38	80.82	0	81.81	89.55
16	第5年	P4	129.77	128.72	128.00	0	136.00
17	第6年	P1	50.06	49.97	49.03	0	0
18	第6年	P2	70.40	0	69.24	71.67	0
19	第6年	P3	87.23	87.52	0	86.21	92.00
20	第6年	P4	128.77	128.12	128.15	0	134.13
市场预测表——需求量							
序号	年份	产品	本地	区域	国内	亚洲	国际
1	第2年	P1	50	39	0	0	0
2	第2年	P2	35	32	0	0	0
3	第2年	P3	23	18	0	0	0
4	第2年	P4	21	22	0	0	0
5	第3年	P1	46	49	53	0	0
6	第3年	P2	35	35	30	0	0
7	第3年	P3	26	20	0	0	0
8	第3年	P4	18	18	26	0	0
9	第4年	P1	44	46	50	0	0
10	第4年	P2	34	35	29	23	0
11	第4年	P3	24	24	0	37	0
12	第4年	P4	16	18	25	0	0
13	第5年	P1	46	42	38	0	0
14	第5年	P2	26	28	28	20	0
15	第5年	P3	26	22	0	27	20
16	第5年	P4	22	18	19	0	20
17	第6年	P1	47	38	37	0	0
18	第6年	P2	25	0	25	18	0
19	第6年	P3	22	21	0	33	22
20	第6年	P4	26	25	27	0	15

(续表)

序号	年份	产品	本地	区域	国内	亚洲	国际
			市场预测表——订单数量				
1	第2年	P1	12	10	0	0	0
2	第2年	P2	11	10	0	0	0
3	第2年	P3	8	7	0	0	0
4	第2年	P4	8	8	0	0	0
5	第3年	P1	11	11	13	0	0
6	第3年	P2	11	10	10	0	0
7	第3年	P3	9	7	0	0	0
8	第3年	P4	7	7	9	0	0
9	第4年	P1	11	10	10	0	0
10	第4年	P2	11	10	10	7	0
11	第4年	P3	9	8	0	10	0
12	第4年	P4	6	6	8	0	0
13	第5年	P1	11	10	9	0	0
14	第5年	P2	10	9	9	7	0
15	第5年	P3	9	8	0	9	7
16	第5年	P4	8	6	7	0	6
17	第6年	P1	10	9	8	0	0
18	第6年	P2	9	0	9	7	0
19	第6年	P3	8	8	0	10	8
20	第6年	P4	8	7	9	0	5

学生可以通过Excel表分市场对市场预测表进行加工整理，得出自己需要的信息，进而达到真真正正读懂市场预测的目的。本地市场预测的信息分析如表3-10所示，通过该表可以发现：P1产品价格较稳定，需求量后4年略有下降；P2产品价格稳定，第5年略有下降，需求量后两年下降迅速；P3产品价格有起伏，需求量较平稳；P4产品价格有起伏，需求量在价格高时减少，价格低时增加。P1毛利低，P3比P2毛利略高，P4毛利最高。

表3-10　本地市场预测的信息分析

年份	P1(成本20)				P2(成本30)				P3(成本40)				P4(成本50)			
	价格	毛利	需求量	订单数量	价格	毛利	需求量	订单数量	价格	毛利	需求量	订单数量	价格	毛利	需求量	订单数量
2	50.84	30.84	50	12	70.94	40.94	35	11	87.48	47.48	23	8	129.67	79.67	21	8
3	49.67	29.67	46	11	70.11	40.11	35	11	82.58	42.58	26	9	131.83	81.83	18	7
4	48.45	28.45	44	11	70.94	40.94	34	11	89.50	49.50	24	9	135.38	85.38	16	6
5	50.43	30.43	46	11	68.73	38.73	26	10	81.38	41.38	26	9	129.77	79.77	22	8
6	50.06	30.06	47	10	70.4	40.4	25	9	87.23	47.23	22	8	128.77	78.77	26	8

思考题：根据市场预测表，参考本地市场的信息分析，请你对区域市场、国内市场、亚洲市场、国际市场进行数据分析，并决定自己企业的产品定位和市场定位。

二、竞单会市场预测

竞单会安排在第3年年初和第6年年初,竞拍单信息见表3-11。参与竞标的订单标明了订单编号、市场、产品、数量、ISO要求等,而总价、交货期、账期3项为空。这3项内容都是竞拍会上各个队伍根据自身情况自行填写选择的。

表3-11 竞拍单信息

序号	年份	订单编号	市场	产品	数量	ISO要求
第3年竞拍单信息						
1	3	3J01	本地	P1	3	—
2	3	3J02	本地	P2	4	—
3	3	3J03	本地	P3	2	—
4	3	3J04	本地	P4	3	9K
5	3	3J08	区域	P2	3	9K
6	3	3J09	区域	P2	5	—
7	3	3J10	区域	P3	3	—
8	3	3J11	区域	P3	4	—
9	3	3J12	区域	P4	4	9K
10	3	3J14	国内	P1	4	9K
11	3	3J15	国内	P2	2	9K
12	3	3J16	国内	P3	3	—
13	3	3J17	国内	P4	3	—
第6年竞拍单信息						
序号	年份	订单编号	市场	产品	数量	ISO要求
1	6	6J01	本地	P1	4	—
2	6	6J02	本地	P2	2	—
3	6	6J03	本地	P3	3	14K
4	6	6J04	本地	P4	3	—
5	6	6J05	区域	P2	6	—
6	6	6J06	区域	P3	4	9K、14K
7	6	6J07	区域	P4	2	—
8	6	6J09	国内	P1	3	—
9	6	6J10	国内	P2	4	—
10	6	6J11	国内	P4	4	—
11	6	6J13	亚洲	P2	4	—
12	6	6J14	亚洲	P3	5	—
13	6	6J17	国际	P4	6	—

注:9K代表ISO9000;14K代表ISO14000。

任务五　商战沙盘系统管理员端和教师端操作

一、系统管理员端操作

(一) 系统管理员登录

如图3-7所示,在用户登录页面输入用户名、密码,单击"用户登录"按钮。用户名为admin,初始密码为1。登录后的界面如图3-8所示,页面将显示系统管理员端的功能菜单,如创建教学班、教师管理、权限管理、数据备份。

图3-7　登录界面

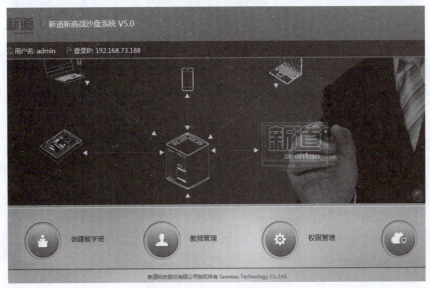

图3-8　系统管理员的操作界面

(二)系统管理员的主要操作

1. 创建教学班

创建教学班时要保证成功插入并安装了加密狗。系统管理员单击"创建教学班"按钮,显示弹出框,如图3-9所示。在"请输入教学班名称"后的文本框中输入教学班名称,单击"创建"按钮,弹出提示框,教学班创建成功。

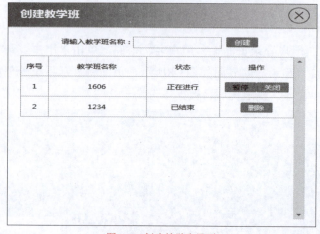

图3-9 创建教学班界面

创建教学班支持多班教学,共用一台服务器,并且可以控制教学班的开课状态:暂停、关闭或删除。对于关闭的教学班,教师仍可以查看其历史数据。

建成后的教学班有4种状态,分别如下。

(1)"未初始化":表示教学班建成后还未使用。单击"关闭"按钮可变为"已关闭"状态,教学班无法再使用。

(2)"正在进行":表示教学班正在使用中。单击"暂停"按钮可变为"已暂停"状态,"暂停"状态的教学班学生端不能使用。单击"关闭"按钮则变为"已关闭"状态。

(3)"已暂停":表示已在使用的教学班本次课程未完成,下次上课时可再次使用。单击"恢复"按钮可变为"正在进行"状态,学生端则能继续使用。单击"关闭"按钮则变为"已关闭"状态。

(4)"已结束":表示教学班已经完成教学计划且已经处于"关闭"状态。单击"删除"按钮后,可以将教学班的所有信息完全清除。

2. 教师管理

系统管理员单击"教师管理"按钮,显示弹出框,如图3-10所示。将鼠标移到用户名、密码后的文本框内,分别输入新增的用户名、密码,单击"添加用户"按钮,则教师添加成功。将鼠标移到角色"系统管理员"前面的文本框,输入新密码,然后单击"修改密码"按钮,则密码修改成功。该系统支持创建多个教师,支持多个教师管理多个教学班(多对多)的管理模式。

3. 权限管理

系统管理员单击"权限管理"按钮，显示弹出框，如图3-11所示。选择教师和教学班后，单击"确定"按钮，下方将显示该教师所管理的教学班的名称列表。该系统支持教师与教学班之间多对多管理，一个教学班可以有多名教师及助教，一个教师也可以管理多个教学班。

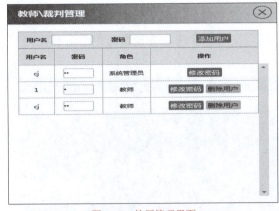

图3-10 教师管理界面

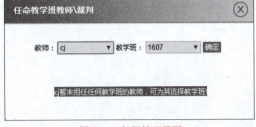

图3-11 权限管理界面

4. 数据备份

数据备份用于多个教学班一次性备份，利于保存同期开课的教学班数据及存档。系统管理员单击"数据备份"按钮，显示弹出框，如图3-12所示。数据备份文件有默认的文件名，可以进行编辑，编辑完成后单击"备份文件"按钮。新文件将在手动备份还原下方的编辑框内显示。单击"项目反选"按钮可以选择全部文件或取消选择。选中某一个文件，单击"删除备份"按钮，该文件将被删除；单击"备份还原"按钮可以还原该备份文件。

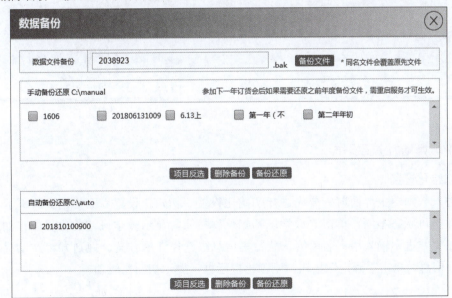

图3-12 数据备份界面

该系统除支持用户按教学需要手动备份数据与还原之外，同时还提供系统自动备份数据功能，以防止数据丢失。

二、教师端操作

(一) 教师登录

用教师的账号登录系统，如图3-13所示，填写在系统管理员端预设的用户名和密码，然后单击"用户登录"按钮。

图3-13　教师登录界面

(二) 教师端的主要操作

1. 初始化设置

在进入教师端主界面前，要先进行初始化设置，初始化设置界面如图3-14所示。未初始化的教学班状态不同，单击"教学班初始化"按钮，显示教学班初始化界面，如图3-15所示。在文本框中输入用户名前缀、队数等信息，选择订单方案、规则方案，设置参数表中的各项信息，单击"确定"按钮，则弹出提示框，提示初始化成功。

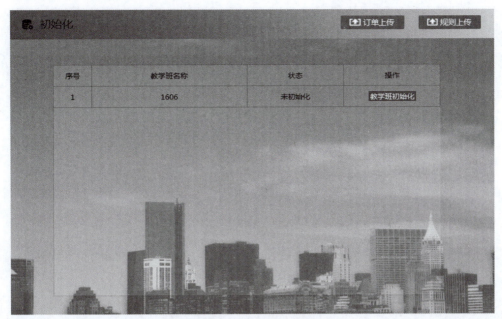

图 3-14　初始化设置界面

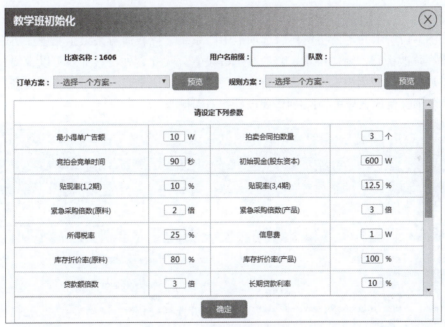

图 3-15　教学班初始化界面

2. 查询每组经营信息

教师端操作界面如图 3-16 所示。单击教师端主界面上方的学生组号，如 160601，则主界面中间区域将显示该组的各项经营信息，包括公司资料、库存采购信息、研发认证信息、财务信息、厂房信息、生产信息等。

图 3-16 教师端操作界面

在如图 3-17 所示的"公司资料"选项卡中,系统支持教师对某组企业进行还原本年、还原本季、修改密码、追加资本、修改状态等设置。除此之外,教师还可以查询该组的综合财务信息、综合费用表、利润表、资产负债表、现金流量表、订单列表等信息,并可以将该组的各项经营信息导出为 Excel 格式以供查阅和保存。

图 3-17 用户查询界面

3. 选单管理

教师端负责组织订货会并监控订货会全程。当教学班里有部分学生组完成广告投放时，弹出框将显示每组投放广告的时间，如图3-18所示。在选单过程中，页面将显示订单数量及剩余时间等信息，如图3-19所示。单击"重新选单"按钮，订货会将重新开始。单击"计时暂停/计时恢复"按钮，将决定是否暂停订货会选单。

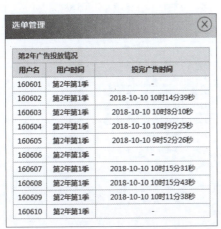

图3-18　各组广告投放信息界面　　　　图3-19　选单管理界面

4. 竞单管理

竞单会在订货会之后出现，若该年没有竞单会，系统会弹出"竞单结束或暂未开始"提示框，如图3-20所示。当进行到设有竞单会的年份时，系统将跳转到准备开始竞单的界面，如图3-21所示。在如图3-22所示的"竞单管理"界面，参加竞单会的小组需要双击所要竞拍的订单，填写价格、交货期、应收账期等信息。

竞单采用价格、交货期、应收账期综合得分最高者得单的方式。单击"重新竞单"按钮，竞单会将重新开始。单击"计时恢复/计时暂停"按钮将决定是否暂停竞单的过程。

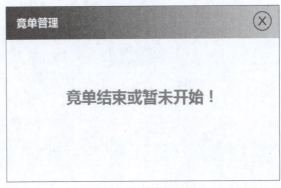

图3-20　竞单管理界面1

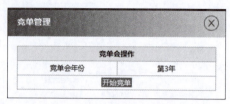

图 3-21　竞单管理界面 2

图 3-22　竞单管理界面 3

5. 组间交易

单击教师端主界面下方的"组间交易"按钮，将打开"组间交易"对话框，如图3-23所示。单击"选择出货方"和"选择进货方"选项的下拉列表框，选择买卖双方的组号，再选择要交易的产品，在下方的文本框中输入交易数量及交易金额，单击"确认交易"按钮，则完成了此次组间交易。

图 3-23　组间交易界面

> ❖ 提示：
>
> 组间交易必须在两个学生组经营到系统某一共同时间点时才能操作。

6. 排行榜单

在一组完整训练结束后，系统会根据每家企业的经营状况算出经营得分，主要得分项有公司资产、所有者权益等。教师可以根据每家企业经营过程中的表现予以人为加分、扣分，排行榜单界面如图3-24所示。此功能用来查询各组经营的最后成绩排名。

用户名	系统时间	公司名称	学校名称	得分	当前修正	累计修正	合计
160501	第3年1季	1	1	660.38			-
160502	第3年1季	锦鲤股份有限公司	郑州升达经贸管理学院	881.28			-
160503	第3年1季	火焱股份有限公司	升达	405.84			-
160504	第3年1季	6AM	郑州升达经贸管理学校	1064.03			-
160505	第3年1季	1	郑州升达经贸管理学院	1013.14			-
160506	第3年1季	真香亿达	郑州升达经贸管理学院	819.0			-
160507	第3年1季	超越	郑州升达经贸管理学院	456.32			-
160508	第3年1季	Riche国际贸易有限公司	郑州升达经贸管理学院	971.88			-
160509	第3年1季	晟煊有限公司	升达	599.86			-
160510	第3年1季	千禧股份有限公司	郑州升达经贸管理学院	76.95			-

图 3-24　排行榜单界面

7. 公共信息

单击教师端主界面下方的"公共信息"按钮，将显示"公共信息"弹出框，如图3-25所示。在"年份"后的下拉列表中选择要查询的年份，单击"确认信息"按钮，页面将显示各组某年的经营利润及权益列表，并将显示所选年份的"市场老大"。"公共信息"页面还可以查询所有已经营年度的数据，对比查询各组综合费用、利润、资产、负债等信息，也可以公示下一年年初的广告投放情况。

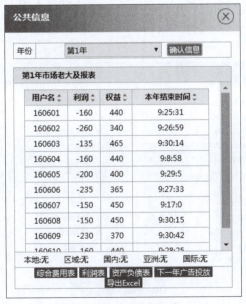

图 3-25　公共信息界面

8. 订单详情

单击教师端主界面下方的“订单详情”按钮，将显示“订单详情”弹出框，如图3-26所示。该功能支持查询所有系统预置订单的详细信息。由于每一套订单方案对应一套订单列表，因此教师也可查询订单分布及得单用户分布情况。

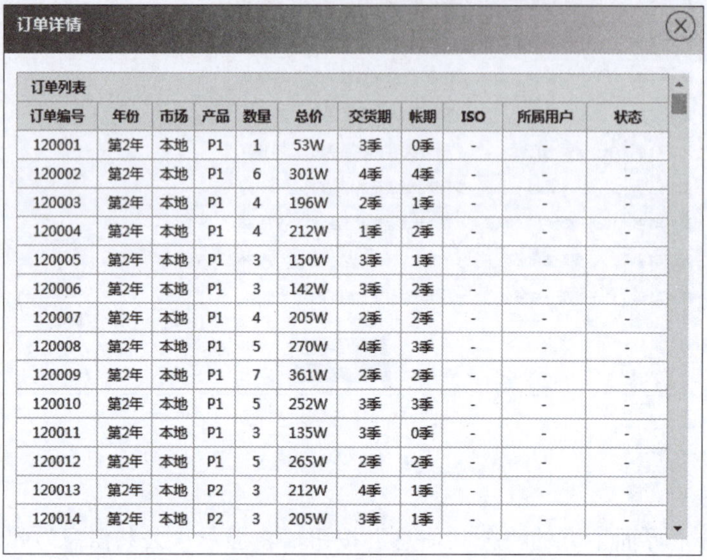

订单编号	年份	市场	产品	数量	总价	交货期	帐期	ISO	所属用户	状态
120001	第2年	本地	P1	1	53W	3季	0季	-	-	-
120002	第2年	本地	P1	6	301W	4季	4季	-	-	-
120003	第2年	本地	P1	4	196W	2季	1季	-	-	-
120004	第2年	本地	P1	4	212W	1季	2季	-	-	-
120005	第2年	本地	P1	3	150W	3季	1季	-	-	-
120006	第2年	本地	P1	3	142W	3季	2季	-	-	-
120007	第2年	本地	P1	4	205W	2季	2季	-	-	-
120008	第2年	本地	P1	5	270W	4季	3季	-	-	-
120009	第2年	本地	P1	7	361W	2季	2季	-	-	-
120010	第2年	本地	P1	5	252W	3季	3季	-	-	-
120011	第2年	本地	P1	3	135W	3季	0季	-	-	-
120012	第2年	本地	P1	5	265W	2季	2季	-	-	-
120013	第2年	本地	P2	3	212W	4季	1季	-	-	-
120014	第2年	本地	P2	3	205W	3季	1季	-	-	-

图 3-26　订单详情界面

9. 系统参数

单击教师端主界面下方的“系统参数”按钮，将显示“系统参数”弹出框，如图3-27所示。该页面将显示教学班初始化的参数设置，选择可修改的参数，在后面的文本框中即可对经营参数进行修改，单击“确认”按钮可保存修改结果，但是，初始现金不可在此处修改。

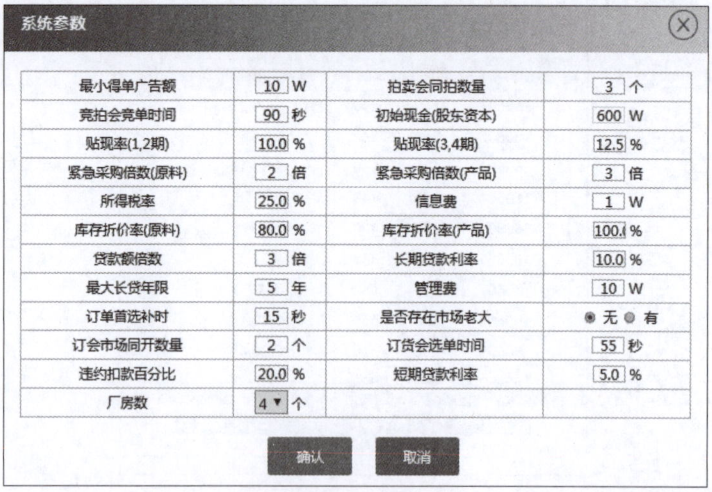

最小得单广告额	10 W	拍卖会同拍数量	3 个
竞拍会竞单时间	90 秒	初始现金(股东资本)	600 W
贴现率(1,2期)	10.0 %	贴现率(3,4期)	12.5 %
紧急采购倍数(原料)	2 倍	紧急采购倍数(产品)	3 倍
所得税率	25.0 %	信息费	1 W
库存折价率(原料)	80.0 %	库存折价率(产品)	100.(%
贷款额倍数	3 倍	长期贷款利率	10.0 %
最大长贷年限	5 年	管理费	10 W
订单首选补时	15 秒	是否存在市场老大	◉ 无 ○ 有
订会市场同开数量	2 个	订货会选单时间	55 秒
违约扣款百分比	20.0 %	短期贷款利率	5.0 %
厂房数	4 ▾ 个		

图 3-27　系统参数界面

10. 公告留言

公告留言界面如图3-28所示，可以支持教学过程中的师生答疑对话。“下发公告文件”支持教师发送年度经营报表，以及应收账款及贷款、广告投放等信息，以便学生根据教师发送的信息做出及时判断。该操作仅支持在当年结束到参加下一年订货会前操作，教师在其他时间下发的公告文件，学生端无法收到。

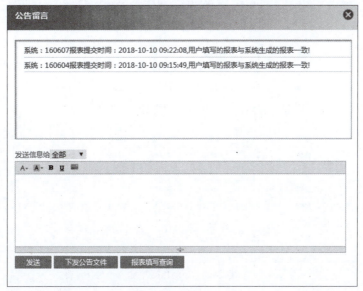

图 3-28　公告留言界面

11. 规则说明

单击教师端主界面右上方的“规则说明”按钮，将显示“经营规则说明”弹出框，如图3-29所示，此处可查阅本场企业模拟经营的运营规则。教师可随时查阅企业模拟经营的运营规则，该规则与初始化设置的系统参数一致。

经营规则说明

一、生产线

名称	投资总额	每季投资额	安装周期	生产周期	总转产费用	转产周期	维修费	残值	折旧费	折旧时间	分值
超级手工	35W	35W	0季	2季	0W	0季	5W/年	5W	10W	3年	0
自动线	150W	50W	3季	1季	20W	1季	20W/年	30W	30W	4年	8
柔性线	200W	50W	4季	1季	0W	0季	20W/年	40W	40W	4年	10
租赁线	0W	0W	0季	1季	20W	1季	65W/年	-65W	0W	0年	0

*安装周期为0,表示即买即用
*计算投资总额时,若安装周期为0,则按1算
*不论何时出售生产线,价格为残值,净值与残值之差计入损失
*只有空闲的生产线方可转产
*当年建成生产线需要交维修费
*折旧(平均年限法):建成当年不提折旧

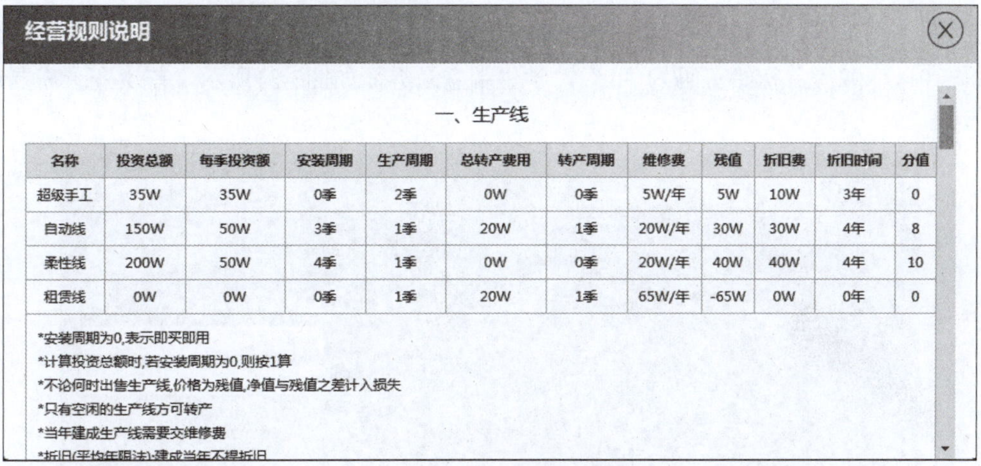

图 3-29　经营规则说明界面

12. 市场预测

单击教师端主界面右上方的“市场预测”按钮，将显示“市场预测”弹出框，如图3-30所示，此处可查阅此次企业模拟经营的市场预测信息，包括每个市场的需求数量和市场均价等。

序号	年份	产品	本地	区域	国内	亚洲	国际
1	第2年	P1	50.84	50.44	0	0	0
2	第2年	P2	70.94	70.53	0	0	0
3	第2年	P3	87.48	87.67	0	0	0
4	第2年	P4	129.67	129.05	0	0	0
5	第3年	P1	49.29	49.53	48.40	0	0
6	第3年	P2	70.11	70.46	68.70	0	0
7	第3年	P3	82.58	82.80	0	0	0
8	第3年	P4	131.83	130.50	134.07	0	0
9	第4年	P1	48.45	49.35	47.40	0	0
10	第4年	P2	70.94	71.09	71.07	71.96	0
11	第4年	P3	89.50	90.67	0	89.84	0
12	第4年	P4	135.38	134.28	135.04	0	0
13	第5年	P1	50.43	50.50	50.18	0	0
14	第5年	P2	68.73	69.32	69.18	71.60	0

图 3-30 市场预测界面

任务六 商战沙盘学生端操作

一、登录系统

打开IE浏览器，在地址栏输入IP地址，该地址由各学校的实验中心提供。用户名为公司代码x01、x02等，初始密码为"1"，学生端登录界面如图3-31所示，首次登录需要进行企业注册。

图 3-31 学生端登录界面

二、企业注册

用户注册界面如图3-32所示，只有第一次登录需要填写以下内容。

(1) 公司名称(必填)。

(2) 所属学校(必填)。

(3) 各职位人员姓名(如有多人，可以在一个职位中输入两个以上的人员姓名)(必填)。该内容经确认后不可更改；务必重设密码。

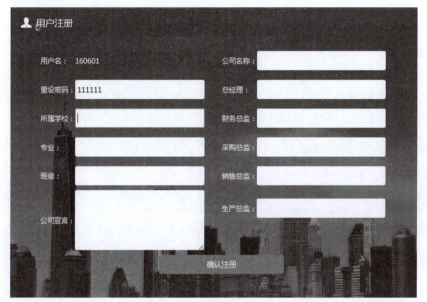

图3-32　用户注册界面

三、流程运行任务

(一) 年初运营操作

1. 年度规划会议

年度规划会议在每个运营年度开始时召开，无须在软件中进行操作。年度规划会议一般由团队的CEO主持召开，CEO会同团队中的采购总监、生产总监、销售总监等负责人一起进行全年的市场预测、广告投放、订单选取、产能扩张、产能安排、材料订购、订单交货、产品研发、市场开拓、筹资管理和现金控制等方面的分析和决策规划，并完成全年运营的财务预算。

2. 投放广告

单击操作区中的"投放广告"按钮，进入如图3-33所示的投放广告界面。用户只能在已开拓的市场上投放广告，即黑色字体标注的市场可以投放广告，红色字体标注的市场为尚未开拓的市场。不需要投放广告的区域请保持"0"。投放广告时系统自动扣除到期的长期贷款、上年长期贷款利息及上年应交的所得税。

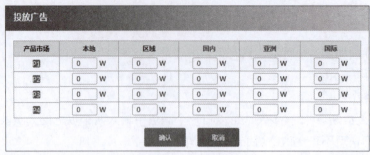

图 3-33　投放广告界面

3. 参加订货会

当所有企业均已经完成广告投放，且教师端已经启动订货会时，系统会显示图 3-34 和图 3-35 所示的参加订货会界面。系统会提示正在进行选单的市场(显示为红色)、选单用户和剩余选单时间，企业选单时要特别关注上述信息。

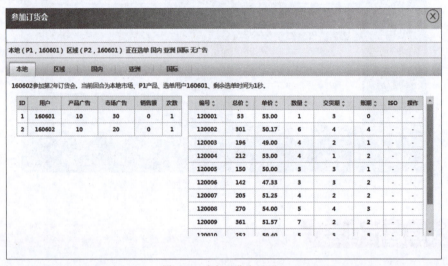

图 3-34　参加订货会界面 1

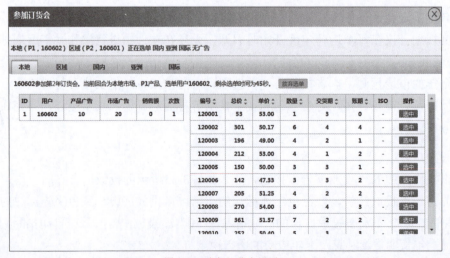

图 3-35　参加订货会界面 2

窗口左边显示某市场的选单顺序，右边显示该市场的订单列表。未轮到当前用户选单时，右边“操作”一列无法单击。当轮到当前用户选单时，“操作”列显示“选中”按钮，单击“选中”按钮，则选单成功。当选单倒计时结束后，用户将无法选单。全部市场选单结束后，订货会结束。

❖ 提示：

用户选单时要特别注意两个市场同时进行选单的情况，此时很容易漏选市场订单。

4. 竞单

当进行到设有竞单会的年份时，在如图3-36所示的竞单管理界面，参加竞单会的小组需要双击所要竞拍订单对应的“设置竞价”按钮，填写价格、交货期、应收账期等信息。竞单采用价格、交货期、应收账期综合得分最高者得单的方式。竞得订单与选中订单一样，算作市场销售额。

U04参加第3年竞拍会，当前回合剩余竞拍时间为12秒

ID	订单编号	市场	产品	数量	ISO	状态	得单用户	总金额	交货期	账期
1	3J01	本地	P1	2	-	完成	U04	119W	1季	0季
↑本用户出价								119W	1季	0季
2	3J02	本地	P2	2	-	完成	U01	180W	1季	0季
↑本用户出价								180W	4季	0季
3	3J03	本地	P3	3	-	完成	-	-	-	-
4	3J04	本地	P4	1	9	完成	U01	149W	2季	0季
5	3J05	区域	P2	3	-	完成	U04	269W	3季	0季
↑本用户出价								269W	3季	0季
6	3J06	区域	P3	4	9 14	完成	U02	475W	4季	0季
7	3J07	区域	P4	4	-	完成	U01	598W	4季	1季
8	3J08	区域	P5	2	-	完成	U04	356W	2季	4季
↑本用户出价								356W	2季	4季
9	3J09	国内	P1	6	14	完成	U04	360W	1季	0季
↑本用户出价								360W	1季	0季
10	3J10	国内	P2	2	9	完成	-	-	-	-
11	3J11	国内	P4	2	-	设置竞价	-	-	-	-
12	3J12	国内	P5	3	9 14	设置竞价	-	-	-	-
↑本用户出价								525W	4季	0季

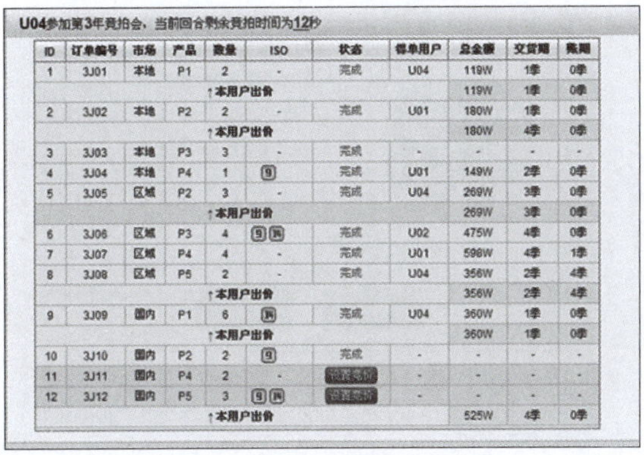

图 3-36　竞单管理界面

❖ 提示：

竞单时不允许紧急采购，不允许有市场间谍。破产队不可以参与投标竞单。

5. 申请长贷

单击操作区中的“申请长贷”按钮，系统将弹出“申请长贷”对话框，如图3-37所示。该对话框显示本企业当前可以贷款的最大额度，单击“需贷款年限”下拉列表框，选择贷款年限，在“需贷款额”文本框中输入贷款金额，单击“确认”按钮，即申请长贷成功。

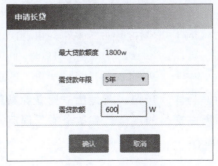

图 3-37　申请长贷界面

> ❖ 提示：
>
> "申请长贷"的操作可进行多次，此外，必须在第一季度"当季开始"之前操作，否则就没有申请长贷的机会了。

（二）每季度运营操作

1. 当季开始

单击操作区中的"当季开始"按钮，系统会弹出"当季开始"对话框，如图3-38所示。该操作完成后才能进入季度内的各项操作。此时，系统会自动完成短期贷款的更新、偿还短期贷款本息、检测更新生产/完工入库情况(若已完工，则完工产品会自动进入产品库，可通过查询库存信息了解入库情况)、检测生产线完工/转产完工情况等操作。

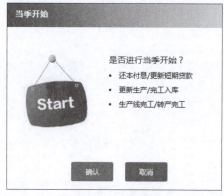

图 3-38 当季开始界面

2. 申请短贷

单击操作区中的"申请短贷"按钮，将弹出"申请短贷"对话框，如图3-39所示。在"需贷款额"文本框中输入金额，单击"确认"按钮，即申请短贷成功。短贷期限默认为一年，到期一次还本付息，并且每次短贷金额不低于10W。

图 3-39 申请短贷界面

3. 更新原料库

单击操作区中的"更新原料库"按钮，将弹出"更新原料"对话框，如图3-40所示。页面将提示当前应入库原料所需支付的现金。确认金额无误后，单击"确认"按钮，系统将自动扣除现金并增加原料库存。

图 3-40　更新原料界面

> ❖ **提示：**
>
> "更新原料库"按钮为激活按钮，单击后，前面的操作权限关闭，后续的操作权限开启。

4. 订购原料

单击操作区中的"订购原料"按钮，将弹出"订购原料"对话框，如图3-41所示。页面中将显示原料名称、价格及运货期等信息。在"数量"一列输入需订购的原料数量，单击"确认"即可订购原料。"订购原料"每季只能操作一次，且确认订购后不可退订。

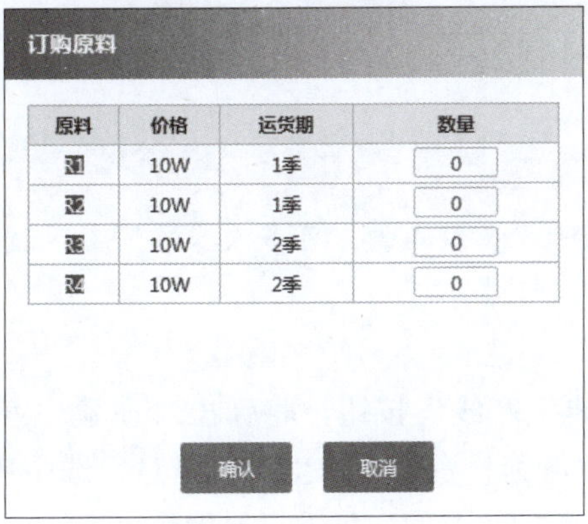

图 3-41　订购原料界面

5. 购租厂房

单击操作区中的"购租厂房"按钮，将弹出"购租厂房"对话框，如图3-42所示。单击"厂房类型"下拉列表框，选择厂房类型，下拉框中将显示每种厂房的购买价格、租用价格等；然后选择订购方式，买或租；最后，单击"确认"按钮即可购租厂房。

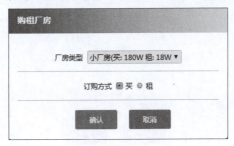

图 3-42　购租厂房界面

> **提示：**
> 大、中、小厂房可以任意组合，但总数不能超过4个，且生产线不可在不同厂房间移动。

6. 新建生产线

单击操作区中的"新建生产线"按钮，将弹出"新建生产线"对话框，如图3-43所示。首先选择放置生产线的厂房，再单击"类型"下拉列表框，选择要新建的生产线类型，下拉框中将显示生产线的购买价格信息，最后选择新建的生产线计划生产的产品类型。操作完毕，单击"确认"按钮即可。

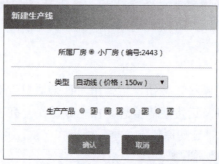

图3-43 新建生产线界面

> **提示：**
> 新建多条生产线时，无须退出该界面，可多次操作，直至铺满厂房。

7. 在建生产线

单击操作区中的"在建生产线"按钮，将弹出"在建生产线"对话框，如图3-44所示。该对话框中会显示需要继续投资建设的生产线信息，选中决定继续投资的生产线后，单击"确认"按钮即可。"在建生产线"每季只能操作一次。

选择项	编号	厂房	类型	产品	累积投资	开建时间	剩余时间
☐	2481	小厂房(2443)	自动线	P2	50W	第1年1季	2季
☐	2505	小厂房(2443)	自动线	P2	50W	第1年1季	2季

图3-44 在建生产线界面

❖ 提示：

只有处在建造期的生产线才会在此对话框中显示，该对话框中会显示处于建造期的生产线的累计投资额、开建时间和剩余建造期等。

8. 生产线转产

单击操作区中的"生产线转产"按钮，将弹出"生产线转产"对话框，如图3-45所示。该对话框中会显示可以进行转产的生产线信息，选中拟转产的生产线及准备转产的产品后，单击"确认转产"按钮即可。

图3-45　生产线转产界面

❖ 提示：

只有已经建成并且无在产品的生产线才可转产。转产中的生产线，年末依然要交维修费。

9. 出售生产线

单击操作区中的"出售生产线"按钮，将弹出"出售生产线"对话框，如图3-46所示。该对话框中会显示可以出售的生产线信息。选中要出售的生产线后，单击"确认"按钮即可。出售生产线时按残值收取现金，将净值与残值的差额计入综合费用表的"损失"项。

❖ 提示：

只有已经建成并且无在产品的生产线才可出售。

10. 开始下一批生产

单击操作区中的"开始生产"按钮，将弹出"开始下一批生产"对话框，如图3-47所示。该对话框中会显示可以进行生产的生产线信息，选中要投产的生产线后，单击"确认"按钮即可。

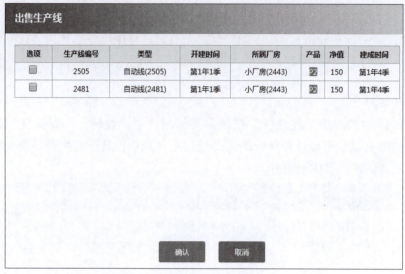

图 3-46　出售生产线界面

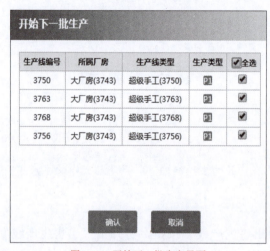

图 3-47　开始下一批生产界面

> **提示：**
>
> 开始下一批生产时需要满足4个条件：生产线空闲、产品研发完成、原料充足、投产用的现金足够，上述4个条件缺一不可。"开始下一批生产"每季只能操作一次。

11. 应收款更新

单击操作区中的"应收款更新"按钮，将弹出"应收款更新"对话框，如图3-48所示，单击该对话框中的"确认"按钮即可。商战沙盘中，系统会自动收回到期的应收款，比较简便。"应收款更新"按钮也是一个激活按钮，更新后，后面的操作权限方可开启。

图 3-48　应收款更新界面

12. 按订单交货

单击操作区中的"按订单交货"按钮,将弹出"交货订单"对话框,如图3-49所示。单击每条订单后的"确认交货"按钮即可交货。订单可以提前交货,但是不可以延后交货。

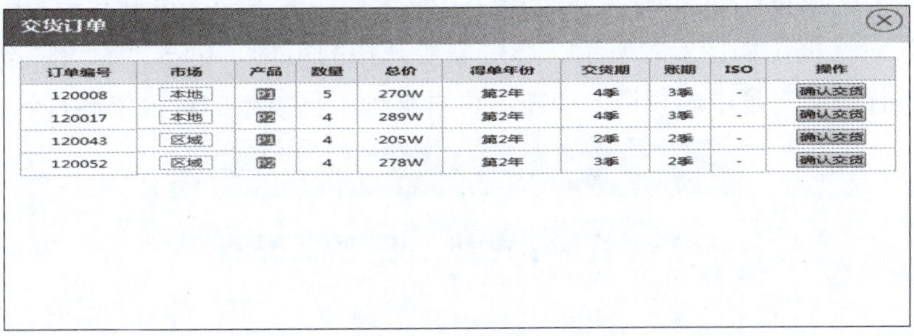

图 3-49　按订单交货界面

13. 厂房处理

单击操作区中的"厂房处理"按钮,将弹出"厂房处理"对话框,如图3-50所示。选择厂房的处理方式,系统会自动显示符合处理条件的厂房以供选择。选中厂房,单击"确认"按钮即可。其中,买转租操作针对原购入的厂房,该操作包括两个环节:一是卖出厂房;二是再将此厂房租回。卖出厂房按原值出售,获得账期为4Q的应收款,租入厂房需支付相应的租金,该操作无须厂房空置。退租操作针对原租入的厂房,该操作要求厂房内无生产线。租转买操作针对原租入的厂房,该操作无须厂房空置。

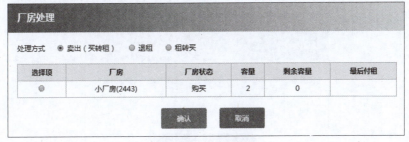

图 3-50　厂房处理界面

14. 产品研发

单击操作区中的"产品研发"按钮,将弹出"产品研发"对话框,如图3-51所示。在该对话框中选中需要研发的产品,单击"确认"按钮即可。此处,多个产品可以同时进行研发。

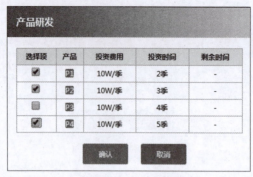

图 3-51　产品研发界面

15. 市场开拓

市场开拓只能在每年的第4季度进行操作。单击操作区中的"市场开拓"按钮，将弹出"市场开拓"对话框，如图3-52所示。选中需要开拓的市场，单击"确认"按钮即可。市场开拓每年进行一次，可中断投资，中断后可再继续，已投入的资金依然有效。

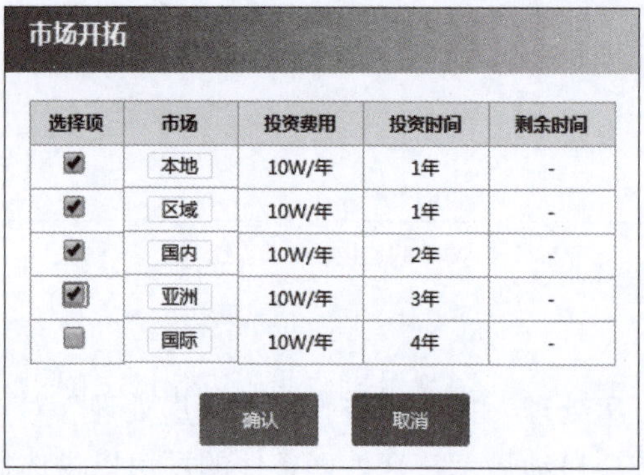

图 3-52　市场开拓界面

16. ISO投资

ISO投资只能在每年的第4季度进行操作。单击操作区中的"ISO投资"按钮，将弹出"ISO投资"对话框，如图3-53所示。选中需要投资的ISO资质，单击"确认"按钮即可。ISO投资每年进行一次，可中断投资，中断后可再继续，已投入的资金依然有效。

图 3-53　ISO 投资界面

17. 当季(年)结束

该操作在每年1~3季度末显示"当季结束"，每年第4季度末显示"当年结束"。单击操作区中的"当季结束"或"当年结束"按钮，将弹出"当季结束"(见图3-54)或"当年结束"(见图3-55)对话框。当季结束时，系统会自动支付行政管理费、厂房续租租金，检测产品开发完成情况等。当年结束时，系统会自动支付行政管理费、厂房续租租金，检测产品开发完成情况、新市场开拓完成情况、ISO资格认证投资完成情况，自动支付设备维修费、计提当年折旧、扣除违约订单的罚款等。核对当季(年)结束需要支付、更新或检测的事项，确定无误后，单击"确认"按钮即可。

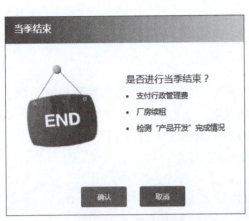

图 3-54 当季结束界面

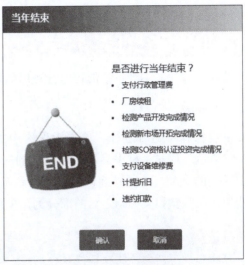

图 3-55 当年结束界面

(三) 年末运营操作 —— 填写报表

单击操作区中的"填写报表"按钮，将弹出填写报表对话框，如图3-56所示。依次在综合费用表、利润表、资产负债表的文本框中输入相应的计算数值，三张表填写过程中都可单击"保存"按钮，暂时保存数据。单击"提交"按钮，即可提交结果。由系统计算数值是否正确，并在教师端公告信息中显示判断结果。

图 3-56 填写报表界面

> **提示：**
>
> 编制财务报表时，资产类项目按实际金额填列，"利润留存"项目按照上年度财务报表中的"利润留存"加"本年度净利"进行填列。在编制利润表时，销售收入是指销售出去的产品的价格总和，即订单总价之和，直接成本则是指订单上产品成本之和，当然违约订单除外。

四、特殊运行任务

特殊运行任务不受正常流程运行顺序的限制，当需要时可随时进行操作。

（一）贴现

贴现操作可随时进行。单击操作区中的"贴现"按钮，将弹出"贴现"对话框，如图3-57所示。该对话框中显示可以贴现的应收款金额，选好贴现期，在"贴现额"一列输入要贴现的金额，单击"确认"按钮，系统将根据不同贴现期扣除不同贴息。贴息计入财务费用，应收款扣除贴息之后的部分为贴现所得，计入现金。

> **提示：**
>
> 应收账期不同的应收款不能联合贴现。

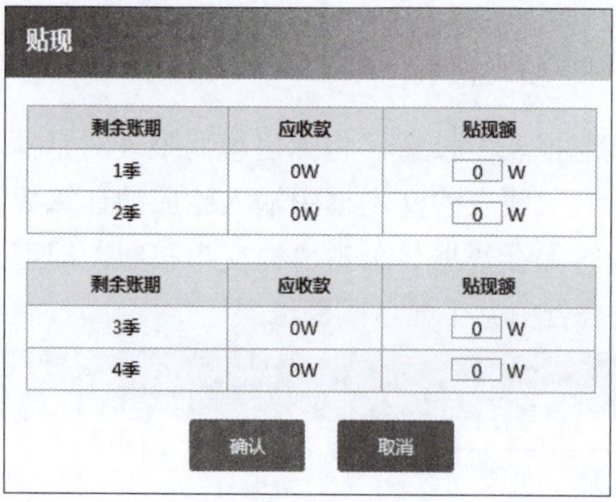

图3-57 贴现界面

（二）紧急采购

紧急采购操作可随时进行。单击操作区中的"紧急采购"按钮，将弹出"紧急采购"对话框，如图3-58所示。该对话框中显示当前企业原料、产品的库存数量及紧急采购的价格，在"订购量"一列输入数值，单击"确认采购"即可。紧急采购原料或产品，将立即扣款到货。购买的原料或产品均按照标准价格计算，高于标准价格的部分，计入损失项。

（三）出售库存

出售库存操作可随时进行。单击操作区中的"出售库存"按钮，将弹出"出售库存"对话框，如图3-59所示。该对话框中显示当前企业产品、原料的库存数量及销售价格，在

"出售数量"一列输入数值,单击"出售产品"或"出售原料"按钮即可。出售库存时,产品、原料按照系统设置的折扣率回收现金,售出后的损失部分计入费用表的损失项。

图 3-58　紧急采购界面 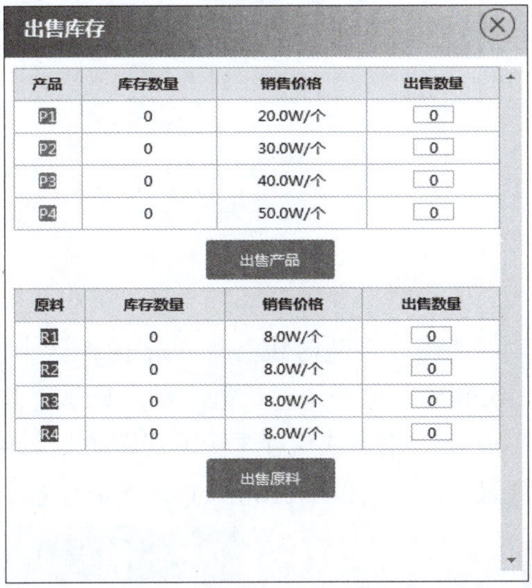　　　　　　　　　图 3-59　出售库存界面

(四) 厂房贴现

厂房贴现操作可随时进行。单击操作区中的"厂房贴现"按钮,将弹出"厂房贴现"对话框,如图 3-60 所示。该对话框中显示可以贴现的厂房的信息,选择某一个厂房,单击"确认"按钮即可。厂房贴现必须全部贴现,不允许部分贴现。如果厂房中有生产线,除按售价全部贴现外,还要再扣除厂房租金,以保证厂房继续经营。

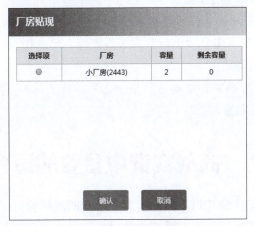

图 3-60　厂房贴现界面

(五) 订单信息

订单信息操作可随时进行。单击操作区中的"订单信息"按钮,将弹出"订单信息"对话框,如图 3-61 所示。该对话框中会显示当前企业所有年份获得的订单,可以查询每条

订单的交货时间、状态等信息。

订单信息

订单编号	市场	产品	数量	总价	状态	得单年份	交货期	账期	ISO	交货时间
120017	本地	P2	4	289W	未到期	第2年	4季	3季	-	-
120008	本地	P1	5	270W	未到期	第2年	4季	3季	-	-
120043	区域	P1	4	205W	已交货	第2年	2季	2季	-	第2年第1季
120052	区域	P2	4	278W	未到期	第2年	3季	2季	-	-

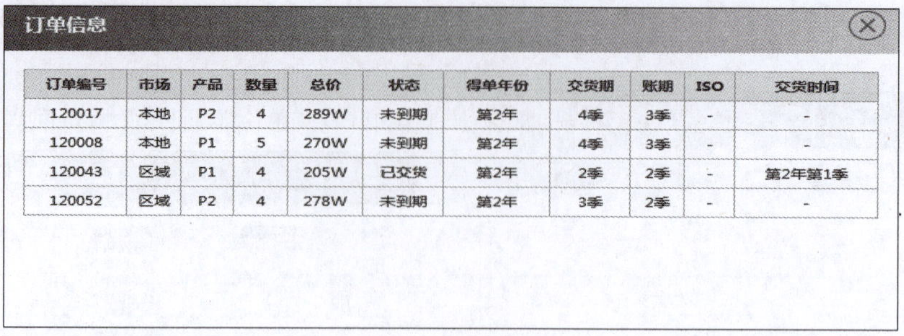

图 3-61 订单信息界面

(六) 间谍

间谍操作可随时进行。单击操作区中的“间谍”按钮，将弹出“间谍”对话框，如图3-62所示，单击该对话框中的“确认下载”即可。用户能免费获取自己公司的信息，可以Excel形式查阅或保存本企业经营数据。用户若要查看其他公司的信息，则需要支付一定的间谍费，才能以Excel形式查询其他任意一组的数据。

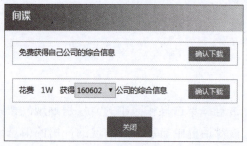

图 3-62 间谍界面

学生端操作的注意事项如下。

(1) “申请长贷”属于年初工作，要在第一季“当季开始”之前操作。

(2) “更新原料库”和“应收款更新”为必备流程，单击相应按钮之后，前面的操作权限关闭，后面的操作权限开启。

(3) 在“投放广告”界面单击“确认”按钮之后，将扣除3项费用，即广告费总额、上年应交税金和长期贷款的利息。

任务七 商战实训中企业的运营流程

商战实训中企业的运营流程可以按照表3-12所示的流程执行，也可按照系统中的流程运营。CEO可以按照运营流程表中或系统中的功能按钮指示的顺序发布执行指令，每项任务完成后，须在任务后对应的方格中打“√”或做相应的记录。每年运营结束后，各企业需提交综合管理费用明细表、利润表和资产负债表。

一、企业运营流程表

表3-12 商战实训中的企业运营流程表

项目	时间/季			
	1	2	3	4
年初现金盘点				
广告费				
支付长贷利息及税金				
申请长期贷款				
季初现金盘点(请填余额)				
更新短期贷款/还本付息,更新生产/完工入库				
申请短期贷款				
更新原料库(购买到期的原料,更新在途原料)				
订购原料				
购租厂房(选择厂房类型,选择购买或租赁)				
新建生产线(选择生产线类型及生产产品种类)				
在建生产线(生产线第二、三、四期的投资)				
生产线转产(选择转产产品种类)				
出售生产线				
开始下一批生产(空置的生产线开始新一轮生产)				
更新应收款(输入从应收款一期更新到现金库的金额)				
按订单交货				
厂房处理				
产品研发投资				
支付行政管理费				
新市场开拓				
ISO资格认证投资				
支付设备维护费				
计提折旧				( )
违约扣款				
紧急采购(随时进行)				
出售库存(随时进行)				
应收款贴现(随时进行)				
贴息(随时进行)				
其他现金收支情况登记(根据需要填写)				
期末现金对账(请填余额)				

二、综合管理费用明细表

综合管理费用明细表用于记录企业日常运营过程中发生的各项费用,其格式详见表3-13。各项目数据的来源可参考手工沙盘综合费用明细表的思路来填写。

表3-13　综合管理费用明细表

项目	金额/W	备注
管理费		
广告费		
设备维护费		
转产费		
租金		
市场准入开拓		□本地　□区域　□国内　□亚洲　□国际
ISO认证资格		□ISO9000　□ISO14000
产品研发费		P1(　) P2(　) P3(　) P4(　) P5(　)
信息费(间谍费)		
损失		
合计		

三、利润表

年末，财务主管需要编制利润表以便核算企业当年的经营成果，其格式详见表3-14。各项目数据的来源及钩稽关系可参考手工沙盘利润表的思路来填写。

表3-14　利润表

单位：W

项目	本年数
销售收入	
直接成本	
毛利	
综合费用	
折旧前利润	
折旧	
支付利息前利润	
财务费用(利息+贴息)	
税前利润	
所得税	
净利润	

四、资产负债表

在编制完成利润表的基础上，财务主管还要负责编制资产负债表，其格式详见表3-15。各项目数据的来源及勾稽关系可参考手工沙盘资产负债表的思路来填写。

表3-15 资产负债表

资产	金额/W	负债和所有者权益	金额/W
流动资产:		负债:	
库存现金		长期负债	
应收账款		短期负债	
在产品		应交税费	
产成品			
原材料			
流动资产合计		负债合计	
固定资产:		所有者权益:	
土地和建筑		股东资本	
机器与设备		利润留存	
在建工程		年度净利	
固定资产合计		所有者权益合计	
资产总计		负债和所有者权益总计	

任务八 开始商战沙盘实验年与实训年

在正式开始商战实训年之前，需要安排1~2年的实验年，以便同学们熟悉企业的运营规则、运营流程及学生端操作等。教师可以先设计一个运营方案，带领同学们一起操作，共同完成实验年第1年。

一、企业实验年经营

接下来，将以下面的演示计划为例，师生共同完成实验年第1年。

要点记录

第一季度：

(1) 年初借5年期长贷400W，第一季度购1个大厂房400W。

(2) 新建两条自动线，用来生产P2(每条自动线安装周期为3Q，安装费为50W/Q)。

(3) 产品研发：研发P1、P2(P1研发周期为2Q，P2研发周期为3Q，研发费为10W/Q)。

第二季度：

(1) 订购原料：2R1、2R3。

(2) 在建生产线：两条自动线继续投资。

(3) 产品研发：P1、P2继续投资。

第三季度：

(1) 更新原料库：2R1入库。

(2) 订购原料：2R2、2R3(可让学生自己考虑订购)。

(3) 新建生产线：新建两条超级手工线(每条超级手工线购置费为35W，即买即用)。

(4) 在建生产线：两条自动线继续投资。

(5) 开始下一批生产：两条超级手工线开始生产P1(两个P1上线)。

(6) 产品研发：P2继续投资(P1已获生产资格)。

第四季度：

(1) 申请短贷：150W。

(2) 更新原料库：2R2、2R3入库。

(3) 订购原料：2R1、2R2、2R3(可让学生自己考虑订购)。

(4) 开始下一批生产：两条自动线开始生产P2(两个P2上线)。

(5) 新市场开拓：本地、区域、国内。

(6) ISO资格认证：认证ISO9000(认证时间需要两年，认证费用为10W/年)。

(7) 支付设备维护费：50W。

年底小结：

第1年年末所有者权益为420W，则第2年年初申请长贷最大限额为710W(420×3−400−150=710)。

在该演示计划的基础上，编制了表3-16所示的现金预算表。

表3-16 实验年的现金预算表

单位：W

项目	时间/季			
	1	2	3	4
期初库存现金	600	470	340	110
应收款贴现收入				
市场营销投入				
支付上年应交税				
长贷本息收支	400			
支付到期长期贷款				
短贷本息收支				+150
支付到期短期贷款				
原料采购支付现金			−20	−40
厂房租买开支	−400			
生产线(投资、转、卖、租)	−100	−100	−170	
工人工资(下一批生产)			−20	−20
应收账款到期				
产品研发投资	−20	−20	−10	
厂房处置(出售、买转租、租转买、退租)				
支付管理费用	−10	−10	−10	−10
设备维护费用				−50
市场开拓投资				−30
ISO资格认证投资				−10
违约罚款				
厂房贴现				
其他				
库存现金余额	470	340	110	100

在演示过程中，同学们必须一边操作，一边填写实验年的企业运营流程表。通常由各组的CEO按照运营流程表的顺序发布操作指令，待电脑端操作完毕之后，在相应的空格处打上"√"的标记，表示该工作已完成。另外，由于运营流程表也可作为现金收支明细表使用，因此，当某项工作完成后，若发生了现金流入或流出，建议同学们在运营流程表相应的空格内填写现金流入或流出的金额。基于以上演示计划，实验年的企业运营流程表如表3-17所示。

表3-17 实验年的企业运营流程表

单位：W

项目	时间/季			
	1	2	3	4
年初现金盘点	600			
广告费	√			
支付长贷利息及税金	√			
申请长期贷款	400			
季初现金盘点(请填余额)	1000	470	340	110
更新短期贷款/还本付息，更新生产/完工入库	√	√	√	√
申请短期贷款	√	√	√	150
更新原料库(购买到期的原料，更新在途原料)	√	√	−20	−40
订购原料	√	√	√	√
购租厂房(选择厂房类型，选择购买或租赁)	−400			
新建生产线(选择生产线类型及生产产品种类)	−100	√	−70	√
在建生产线(生产线第二、三、四期的投资)	√	−100	−100	√
生产线转产(选择转产产品种类)	√	√	√	√
出售生产线	√	√	√	√
开始下一批生产(空置的生产线开始新一轮生产)	√	√	−20	−20
更新应收款(输入从应收款一期更新到现金库的金额)	√	√	√	√
按订单交货	√	√	√	√
厂房处理	√	√	√	√
产品研发投资	−20	−20	−10	√
支付行政管理费	−10	−10	−10	−10
新市场开拓				−30
ISO资格认证投资				−10
支付设备维护费				−50
计提折旧				( )
违约扣款				
紧急采购(随时进行)	√	√	√	√
出售库存(随时进行)	√	√	√	√
应收款贴现(随时进行)	√	√	√	√
贴息(随时进行)	√	√	√	√
其他现金收支情况登记(根据需要填写)	√	√	√	√
期末现金对账(请填余额)	470	340	110	100

实验年第1年结束后，需要编制第1年的财务报表。报表先由同学们自行完成，然后再与表3-18、表3-19和表3-20进行核对。

表3-18　实验年综合管理费用明细表

项目	金额/W	备注
管理费	40	
广告费	0	
设备维护费	50	
转产费	0	
租金	0	
市场准入开拓	30	☑本地　☑区域　☑国内　☐亚洲　☐国际
ISO认证资格	10	☑ISO9000　☐ISO14000
产品研发费	50	P1(√) P2(√) P3( ) P4( ) P5( )
信息费(间谍费)	0	
损失	0	
合计	180	

表3-19　实验年利润表

单位：W

项目	本年数
销售收入	0
直接成本	0
毛利	0
综合费用	180
折旧前利润	−180
折旧	0
支付利息前利润	−180
财务费用(利息+贴息)	0
税前利润	−180
所得税	0
净利润	−180

表3-20　实验年资产负债表

资产	金额/W	负债和所有者权益	金额/W
流动资产：		负债：	
库存现金	100	长期负债	400
应收账款	0	短期负债	150
在产品	100	应交税费	0
产成品	0		
原材料	0		
流动资产合计	200	负债合计	550
固定资产：		所有者权益：	
土地和建筑	400	股东资本	600
机器与设备	370	利润留存	0
在建工程	0	年度净利	−180
固定资产合计	770	所有者权益合计	420
资产总计	970	负债和所有者权益总计	970

二、实训年经营

在实验年的操作和运营中，同学们熟悉了运营规则、运营流程、学生端操作等，其间难免遇到各种各样的问题，需要悉心总结经验得失，这样才能在接下来的正式实训过程中避免无谓的失误，进行一场高质量的对抗赛。

思考：
(1) 要研发什么产品？
(2) 要开拓哪些市场？
(3) 要进行ISO资格认证吗？何时认证合适？
(4) 厂房应选择哪种类型？是买还是租？
(5) 准备购买什么样的生产线？何时开始投资建设？购买几条生产线？买来生产线后生产什么？
(6) 是否考虑租赁生产线？
(7) 是否需要订购原材料？何时开始订购？订购多少？
(8) 是否需要向银行借款？长贷还是短贷？贷多少？

实训马上就要开始了，方方面面的问题都需要考虑，各小组成员要各司其职，紧密协作，充分沟通。同时，操作电脑的同学一定要认真谨慎，每一步操作都要准确无误。

再次提醒同学们一定要注意时间的把握，具体时间安排如下。
(1) 制定年度经营规划及营销方案——15分钟。
(2) 订货会上选择订单——20分钟。
(3) 竞单会上进行竞单——15分钟。
(4) 组织企业运营及财务关账——50分钟。
(5) 教师进行业绩分析并点评——20分钟。

单元小结

本单元介绍了新道新商战沙盘系统V5.0的特点，并详细讲解了商战沙盘的重要运营规则；介绍了商战沙盘系统管理员、教师和学生端的操作，使学习者对商战实训中企业的运营有更深刻的认识，将课堂所学的"知"应用于实际中的"行"，学会理论联系实际，达到本单元实训的目的。

第四单元

企业经营成功之道

单元目标：

- 认识企业经营本质，了解新时代传统企业和新兴企业盈利点的异同。
- 掌握传统制造业企业经营基本业务流程，树立战略和管理会计观念。
- 运用分析方法，探索企业经营成功之道。

任务一　工业革命与优秀企业经营之道
任务二　绘制传统制造业企业经营基本业务流程图
任务三　企业经营的本质
任务四　企业综合评价

"横看成岭侧成峰,远近高低各不同。不识庐山真面目,只缘身在此山中。"许多参加ERP企业模拟经营沙盘实训的同学,在比赛中获胜,名列前茅,但是说起企业经营成功之道,或茫茫然说不出所以然,或归结为运气好,假若从头再来,心里并无取得成功的把握。苏轼的这首诗用来描述参加ERP企业模拟经营沙盘实训的同学们在经营中的感受,应该是十分贴切的。

那么,企业经营成功是否有规律,是否可以复制呢?仁者见仁智者见智。老子说:"道可道,非常道。"意思是说人生的规律是可以认识、可以掌握的,但并不是我们平常所认识的那样。我们可以把这句话放在企业经营成功这一点上,即企业经营成功之道是可以认识、可以掌握的,但并不是我们平常所认识的那样简单。我们将在本单元一起探索企业经营成功之道。

任务一 工业革命与优秀企业经营之道

什么是企业的使命?企业是以逐利为目的的社会经济组织。企业的使命就是创造财富(价值)。企业实现自己的使命,离不开其自身所处的时代背景和社会条件,就像演员演戏,离不开舞台和摄影机一样。随着计算机技术的飞速发展,当数字化工业变革和3D立体制作技术日益成熟,演员不得不习惯在绿幕的环境下无实景演戏,而观众则在电影院获得更身临其境的视听效果和更难忘的艺术享受。

近代以来,人类历史上发生过几次大的工业革命:第一次工业革命是蒸汽机革命,其使英国成为"日不落帝国";第二次工业革命是电力革命,其使德国和美国相继崛起成为世界强国;第三次工业革命是信息技术革命,这一次日本抓住机会成了工业强国。每一次工业革命,都给人类社会的生产方式、生活方式和社会思潮带来变化,每一次工业革命对于人类社会都是一次千载难逢的机遇,把握住机遇的国家成为世界强国,把握住机会的企业创造历史。作为依托于社会环境存在的企业,其运作方式与价值创造的模式必然受到工业革命的影响,二者是相伴相生、相互作用和共同演进的。当前,第四次工业革命悄然兴起,尤其是四大技术的出现——网络化、大数据、机器人、人工智能,这将对人类社会产生重大影响。我国出于各种原因没有在前三次工业革命中抢占到先机,那么第四次工业革命,我们能否把握住机会,中国的企业能否创造历史呢?

据统计,我国在2008—2017年的十年间,经济总量增长2.5倍,人民币规模总量增长3.26倍,外汇储备增长1.5倍,汽车销量增长3倍,电子商务在社会零售总额中的占比增长了13倍,移动支付交易额是美国的50倍,高铁里程增长183倍,城市化率提高了12个百分点,世界500强中国公司的数量从33家增加到了115家。

北京时间2018年7月19日晚,全球同步发布了最新的《财富》世界500强排行榜。在上榜公司数量上,2018年中国公司达到了120家,已经非常接近美国(126家),远超第三位的日本(52家)。自1995年《财富》世界500强排行榜同时涵盖工业企业和服务性企业以来,还没有其他国家的企业数量增长得如此迅速。其中,以大数据为驱动,以电商、金融、物流、云计算、文娱为场景的数字经济体阿里巴巴颇具代表性,2018年阿里巴巴市值数次突破5

000亿美元。阿里巴巴和腾讯在排行榜中的排名跃升非常快，阿里巴巴上升了162位，腾讯上升了147位，而作为信息和通信技术行业代表的华为公司，坚定不移发展实业，力争把手机卖到全世界，其排名从第83位上升到第72位。

阿里巴巴和华为，看起来在完全不同的商业领域，采取的是完全不同的商业模式，它们取得的成功，是否有相同或相通的"道"呢？中国有没有机会在第四次工业革命中取得先机，实现中华民族的伟大复兴呢？

无论是阿里巴巴还是华为，在以下几点上是一致的。

一、创新

这是一个飞速发展和变化着的时代，这个时代最鲜明的特征就是变化，企业在这个时代背景下，首先应该具有的能力和精神是不断创新。创新是一种以新思维、新发明和新描述为特征的概念。它起源于拉丁语，有3层含义：第一层，更新；第二层，创造新的东西；第三层，改变。从方法论的角度，创新包括两层含义：一层指从无到有；另一层指新的排列组合。从经济学的角度来看，创新最早由美籍经济学家熊彼特在1912年出版的《经济发展理论》一书中提出，熊彼特认为，创新是指把一种新的生产要素和生产条件的"新结合"引入生产体系。它包括5种情况：引入一种新产品；引入一种新的生产方法；开辟一个新的市场；获得原材料或半成品的一种新的供应来源；实现任何一种工业的新的组织。总之，创新是人类特有的认识能力和实践能力，是人类主观能动性的高级表现形式，是推动民族进步和社会发展的不竭动力。

如果问目前国内最受人尊敬的公司是哪一个？很多人认为是华为。为什么呢？其中一个重要原因是华为重视创新，华为每年将销售收入的10%~15%用于研发。未来其将每年投入150亿~200亿美元的研发费用，并不断加大在基础研究与前沿技术领域的探索。例如，华为有遍布全球的16个研究院/所、30多个联合创新中心，其将数学所建在莫斯科，将美学所建在巴黎，将微波所建在米兰，深入技术的发源地汲取技术知识。

阿里巴巴2014年9月19日在美国上市，发行价格68美元，募集资金250亿美元，成为史上最大规模IPO，开盘价92.7美元，首日收盘价93.89美元，市值2 314亿美元，1.1万名员工成为千万富翁。作为世界上最大的"电商"，阿里巴巴的存货为零，没有工厂，没有仓库，没有商店，没有物流，它开创了新经济时代独特的商业模式。阿里巴巴通过搭建电子商务平台，为众多中小企业和数以亿计的消费者提供资信、交易和支付等中介服务，并收取佣金和其他服务费。2016年阿里巴巴提出"五新"：新零售、新制造、新金融、新技术、新资源，这既是阿里巴巴对未来商业趋势的判断，也是阿里巴巴未来的新战略定位。

二、管理与管理者

卡尔·马克思曾经说过，人的本质是一切社会关系的总和。组织是为了实现某些特定的目的(比如赚钱)而对人的一种精心安排。企业是以获利为目的的商业组织，人是企业最重要的资源。成功的企业离不开成功的管理者。管理就是管理者通过计划、组织、指挥、协调和控制被管理者,使企业里的人能更有效地完成组织目标的过程。企业拥有的资源是有限的,成功的管理者意味着既要"做正确的事"(实现组织目标),又要"正确地做事"(有效利用资源)。

企业界曾经一度流传一句话:"华为,你学不会!"这句话生动形象地表达出华为管理水平之高,而提起华为的管理,就必然要提到任正非。任正非作为企业家,也是卓越的管理者,他的管理思想是华为高水平管理的关键。由此可见,企业家对于一家企业的影响力是巨大的。

三、股权结构设计

华为为什么成功?其报表上写得清清楚楚,华为创造出来的价值58%分配给管理团队和员工,税后利润(占总价值的17.6%)也大部分归员工所有。任正非本人仅持有1.42%的股份,却实现了对公司的控制。他是如何操作的呢?原来华为员工拿到的股权不是真正意义上的股权,只是一个利润分红权,你在华为工作就参与分红,你不在华为工作了,股权就由公司回购,然后卖给持续贡献者及新加入的奋斗者。所以,华为的合伙机制本质上不是股权合伙机制,而是利润分享合伙机制。

未来的竞争不是人才的竞争,而是合伙人制度的竞争。今天的阿里巴巴最了不起的是其创建的新型合伙人制度、独特的文化和良将如潮的人才梯队,这为公司传承打下了坚实的制度基础。阿里巴巴合伙人制度很重要的一点就是同股不同权,这使创始企业家与人力资本具备比货币资本更大的企业终极控制权与经营话语权。目前高管团队仅持有阿里巴巴9.4%的股份,前两大股东软银和雅虎分别持有阿里巴巴35%和24%的股份。阿里巴巴与雅虎达成协议,将动用其投票权支持阿里巴巴及软银的董事提名,使合伙人团队用不到10%的股权,获得了70%以上的决策权。

一个成功的企业必然是一个与时代齐头并进的组织,有持续的创新、有效的管理和成功的管理者,以及以小博大的股权结构设计。当然成功的因素有很多,不止以上几点,但以上因素是第四次工业革命背景下最具代表性的要素。

虽然中国的企业取得了全球瞩目的进步和成就,但是客观来说,与世界发达国家和地区相比,我们还有很长的路要走。中国企业联合会、中国企业家协会会长王忠禹说过,我国已有部分企业在一些产品和技术方面达到了世界一流水平,但在人才、品牌、文化、商业模式等方面,特别是创新能力、标准话语权、国际公认度等方面,真正达到世界一流水平的企业仍然为数不多。争创世界一流企业任重道远,需要我们敢做善为、奋起直追。

任务二 绘制传统制造业企业经营基本业务流程图

企业经营过程是一个科学决策的过程,整个流程中有几个关键的问题需要好好解读。学生们要将相关知识进行归类整理,学会用数据说话,并树立战略观念,从而真正参与企业经营,体验企业经营的基本业务流程,感悟企业经营的艰辛。

ERP沙盘模拟的是一家典型的制造型企业，采购—生产—销售构成了该企业经营的基本业务流程，如图4-1所示。

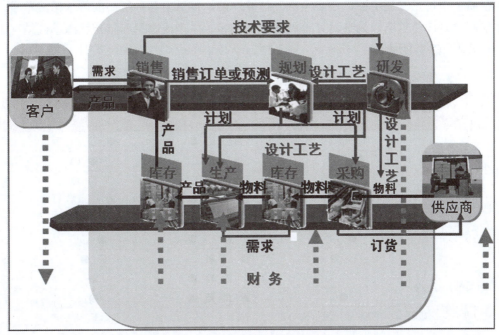

图 4-1　企业经营基本业务流程图

一、读懂市场预测，制定好广告策略

市场是企业经营的最大变数，企业利润的最终源泉，其重要性不言而喻。营销总监算得上最有挑战性的岗位之一。读懂市场预测图，弄清楚市场、产品等的发展趋势，对于广告策略的制定非常关键。

读懂了市场预测，还不足以制定广告策略，同时还要对竞争对手有正确的评估，企业竞争玩的就是"博弈"，知己知彼，百战不殆。很多时候价格高，需求也大，结果大家都一头扎进去抢单，其结果就是恶性竞争。所以，有些东西往往看着是"馅饼"，实际可能是"陷阱"。

制定好广告策略后，需要对销售额、销售量、毛利有一个较为明确的目标。最直接的指标是广告投入产出比，即投入1M广告可以拿多少销售额，广告投入产出比=订单销售额合计/总广告投入。根据经验，前两年比值为5左右是合理的，第三年后，8~10是合理的，所以不能一味抢"市场老大"的位置，狠砸广告，当时下手是比较痛快，可对企业整体经营是有害的；但也不能一味省广告费，拿不到订单，利润从何而来呢？

总之，选单过程紧张激烈，斗智斗勇，没有眼观六路、耳听八方的本事是不行的，这也正是ERP沙盘模拟的精华所在。

二、准确计算产能，做好选单准备

读懂了市场预测还不够，还必须准确计算产能，推算出各种产品的可承诺接单量，这样才能制定好广告策略，为选对订单做好一切准备。生产线类型和年初状态不同情况下的产能计算表如表4-1所示。

表4-1 生产线类型和年初状态不同情况下的产能计算表

生产线类型	年初在制品状态	各季度完工情况 1 2 3 4	年末在制品状态	产能
手工生产线	○○○	□□□■	●○○	1
	●○○	□□■□	○●○	1
	○●○	□■□□	○○●	1
	○●●	■□■□	●○○	2
半自动生产线	○○	□□■□	○●	1
	●○	□■□■	●○	2
	○●	■□■□	○●	2
全自动(柔性)生产线	○	□■□■	●	3
	●	■■■■	●	4

注：表中实心圆图标表示在制品的位置；实心正方形图标表示产品完工下线，同时开始下一批生产。

上表列出了所有可能的产能状态。按照上面提供的方法，结合本企业的生产线及库存情况，我们可以计算出可承诺量，为选订单打好坚实基础。值得注意的是可承诺量并不是一个定数，而是一个区间，因为我们可以转产、紧急采购、紧急加建生产线或向其他企业采购。比如，意外丢了某个产品订单，则需要考虑多拿其他产品订单，这可能需要用到转产；再比如，某张订单利润特别高，可以考虑紧急采购、紧急加建生产线或向其他企业采购产品来满足市场需要。总之，产能的计算是选单的基础。

三、综合考虑产能计划与采购计划，避免停工待料的情况出现

获取订单后，企业则可以编制生产计划和原料订购计划。两者可以同时编制，企业首先应明确产品在各条生产线上的投产时间，然后根据各生产线的生产周期推算每条生产线的产能及下材料订单的时间和数量。

以在手工沙盘规则下生产P3为例，其物料清单(BOM)为2R2+R3，其中R2订购提前期为一个季度，R3订购提前期为两个季度，年初每条生产线均有在制品，且在1Q位置，则生产计划与原材料订购计划如表4-2所示。下一年第二季度没有推算原材料下订单的情况，是由于下一年第三季度和第四季度生产何种产品还未确定，如果下一年的订单、生产计划已制订好，下何种原材料订单则可列示出来。

表4-2　生产计划与原料订购计划

状态		时间/季					
		1	2	3	4	1	2
手工线	产品下线并开始新生产			■			■
	原材料订购	R3	2R2			R3	2R2
半自动线	产品下线并开始新生产		■		■		■
	原材料订购	2R2	R3	2R2	R3	2R2	
全自动(柔性)线	产品下线并开始新生产	■	■	■	■	■	■
	原材料订购	2R2+R3	2R2+R3	2R2+R3	2R2+R3	2R2	
原材料订单合计		4R2+2R3	4R2+2R3	4R2+R3	2R2+3R3	6R2	

由表4-2可知，手工线第三季度开始下一批生产，则第二季度订2个R2，第一季度订1个R3；下一年第二季度开始新一批生产，需要在第四季度订1个R3，下一年第一季度订2个R2。以此类推，根据生产线类型及所生产产品类型可以计算出订购时间和订购数量。在实际操作的时候还要考虑原材料库存、生产线转产或停产、产品加工费、原材料到货付款等。切记不可出现停工待料的失误。

四、编制现金预算表，保证企业正常运作

ERP沙盘模拟企业经营中经常出现以下情况，例如，看到现金库资金不少，就比较放心；还有不少现金，可是却破产了；能借钱的时候就尽量多借点，以免来年权益降了借不到。以上几种情况的出现说明部分人员对资金管理还不太理解，下面我们来一一解答。

(一) 库存资金越多越好吗

库存资金越多越好吗？当然不是，资金如果够用，则越少越好。资金从哪来，可能是银行贷款，这是要付利息的，短贷利率最低也要5%；也可能是股东投资，股东是要经营者拿钱去赚钱的，放在企业里闲置，并不能增加股东的收益；也可能是销售回款，如果在企业闲置，同样无法创造收益，更何况资金是有时间价值的。

(二) 现金不少，企业却破产了

破产有两种情况，一种是权益为负，另一种是资金断流。此时破产，必是权益为负。权益和资金是两个概念，千万不要混淆，这两者之间有什么关系呢？从短期看，两者是矛盾的，资金越多需要付出的资本成本也越高，这反而会降低本年权益；从长期看，两者又是统一的，权益高了，就可以从银行借更多的钱。企业经营，特别是经营初期，往往在这两者间难以选择。要想发展、做大做强，必须得借钱和投资，但这时候受制于权益，借钱受到极大限制。可借不到钱，又如何发展呢？这是企业经营之初的"哥德巴赫猜想"，破解了这个难题，经营也就成功了一大半。

(三) 能借钱的时候多借点，以免来年权益降了借不到

这个观点有一定道理，但是也不能盲目借款，否则之后会背上沉重的财务负担，甚至还不出本金，这就类似我们常讲的饮鸩止渴。

通过以上分析，我们可以看出资金管理对企业经营的重要性。资金是企业日常经营的"血液"，一天都不可断流。我们将可能涉及资金流入流出的业务汇总，不难发现其基本涵盖了所有业务。如果将来年可能的发生额填入表中，就自然形成了资金预算表。如果出现断流，则必须及时调整，看看哪里会有资金流入，及时补充。

从手工沙盘资金预算表的编制及商战电子沙盘资金预算表的编制中，我们不难发现，现金流入项目实在太有限了，而其中对权益没有损伤的仅有"应收账款到期"，其他流入项目都对权益有"负面"影响。长短贷、贴现——增加财务费用；出售生产线——损失了部分净值。虽然出售厂房不影响权益，但购置厂房时是一次性付款的，而出售后得到的只能是四期应收账款，损失了一年的时间。

通过以上分析，我们可以明白现金预算的意义了。首先，保证企业正常运作，不发生断流，否则就会破产出局；其次，合理安排资金，降低资金成本，使股东权益最大化。

现金预算和销售计划、开工计划、原料订购计划综合使用，既能保证各计划正常执行，又能保证避免不必要的浪费，如库存积压、生产线停产、盲目超前投资等。同时，如果市场形势、竞争格局发生改变，现金预算也就必须动态调整，适应要求。资金是企业正常运作的命脉，现金的合理安排能够为其他部门的正常运转提供强有力的保障。

至此，我们应该大概理解财务总监的地位了吧。财务总监为企业的运作保驾护航，我们再也不要随便责怪他们"抠门"了，因为到处都在花钱，不精打细算的话，估计不用多久企业就会濒临破产。

五、制定合理战略规划，确保企业立于不败之地

沙盘企业经营的成败，很大程度上与企业的战略规划密切相关。从某种程度上来说，规则就是使自己的团队知道自己要做什么，什么时候做，怎样做，做或不做对企业有什么影响。

以下几个情景是ERP沙盘模拟企业经营中经常碰到的情景。

(1) 盲目建了3条，甚至4条全自动线或柔性线，建成后发现流动资金不足了，只好停产。

(2) 脑子一发热，好不容易抢来的"市场老大"地位，第二年拱手相让。

(3) 在某个市场狠砸广告，却发现并没有什么竞争对手，造成极大浪费。

(4) 开发了很多新产品，开拓了很多市场，却自始至终没有用上。

(5) 还没有搞清楚要生产什么产品，就匆匆忙忙采购了一堆原材料。

(6) 销售不错，利润就是上不去。

很多经营者一直是糊里糊涂的，这是典型的没有战略的表现。所谓战略，用迈克尔·波特的话说就是"在企业的各项运作活动之间建立的一种配称"。企业所拥有的资源是有限的，如何分配这些资源，使企业价值最大，这就是配称。目标和资源之间必须是匹配的，不然目标再远大，实现不了，也只能沦为空想。

ERP沙盘模拟企业经营必须在经营之初就对如下几个战略问题进行思考。

(1) 企业的经营目标——核心是盈利目标，还包括市场占有率、无形资产占用等目标。

(2) 企业想开发什么市场？何时开发？

(3) 企业想开发什么产品？何时开发？

(4) 企业是否需要进行ISO资格认证？何时认证？

(5) 企业想建设什么生产线？何时建设？如何和产品研发配套？

(6) 企业的融资策略是什么？融资规则是什么？

(7) 企业今年的市场投入(广告)策略是什么？

……

ERP沙盘模拟经营中为了实现战略规则，最有效的方法是编制长期资金规则。预先将六年的资金预算一并做出，就形成了资金规则。同时，将六年的财务报表、生产计划、采购计划预测也完成，就形成了一套可行的战略。当然仅有一套战略是不够的，事先需要形成数套战略，同时在执行的过程中做动态调整，企业经营战略规划调整如图4-2所示。

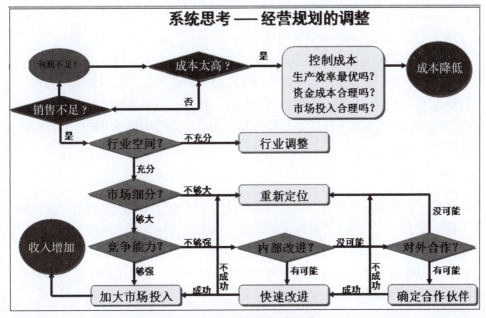

图 4-2　企业经营战略规划调整

温馨提示：

(1) 战略的制定和执行过程中，永远不要忘记自己的对手，对手的一举一动都会对你产生重要影响；

(2) 前三年是经营的关键时期，此时企业资源较少，战略执行必须步步为营，用好每一分钱，而且前期若是被对手拉开差距，后期想要追赶是很难的，一年浪费 1M，可能导致第六年权益相差几十M，这就是"蝴蝶效应"。

任务三　企业经营的本质

一、企业经营目标

企业是营利性组织，其出发点和归宿是获利。企业一旦成立，就会面临竞争，并始终处于生存和倒闭、发展和萎缩的矛盾之中。企业必须生存下去才能获利，只有不断发展才能求得生存。因此，企业经营的目标可以概括为生存、发展和获利。

(一) 生存

企业只有生存，才可能获利。企业在市场中生存下去的基本条件有以下两个。

(1) 以收抵支。企业从市场获得的货币至少要等于付出的货币，以便维持继续经营，这是企业长期存续的基本条件。

(2) 到期偿债。企业如果不能偿还到期债务，就可能被债权人接管或被法院判定破产。

因此，企业生存的主要威胁来自以下两个方面。

(1) 长期亏损，它是企业终止的内在原因。

(2) 不能偿还到期债务，它是企业终止的直接原因。

亏损企业为维持运营被迫进行偿债性融资，借新债还旧债，如不能扭亏为盈，迟早会因借不到钱而无法周转，从而不能偿还到期债务。盈利企业也可能出现"无力支付"的情况，例如，企业借款扩大业务规模，冒险失败，为偿债必须出售不可缺少的厂房和设备，使生产经营无法持续。

(二) 发展

企业是在发展中求得生存的。企业的生产经营如逆水行舟，不进则退。企业的发展集中表现为扩大收入。扩大收入的根本途径是提高产品的质量，扩大销售的数量，这就要求企业不断更新设备、技术和工艺，并不断提高各种人员的素质，也就是投入更多、更好的物资资源、人力资源，并改进技术和管理。在市场经济中，各种资源的取得都需要付出货币，企业的发展离不开资金。

(三) 获利

企业必须能够获利才有存在的价值，建立企业的目的就是获利。获利不但体现了企业的出发点和归宿，而且可以概括其他目标的实现程度，并有助于其他目标的实现。从财务上看，盈利就是使资产获得超过其投资的回报。在市场经济中，没有"免费使用"的资金，资金的每项来源都有其成本。每项资产都是需要投资的，都应当是生产性的，要从中获得回报。

二、企业经营本质概述

企业利用一定的经济资源，通过向社会提供产品和服务，获取利润，目的是使股东权益最大化。作为经营者，要牢牢记住这句话，因为这就是企业经营的本质，是一切行动的指南。企业经营本质参见图4-3。

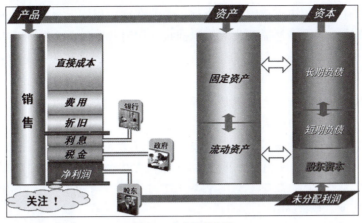

图 4-3　企业经营本质

(一) 企业资本的两个来源

负债：一个是长期负债，一般是指企业从银行获得的长期贷款；另一个是短期负债，一般是指企业从银行获得的短期贷款。所有者权益：一部分是指企业创建之初，所有股东的集资，即股东资本，这个数字在本实训过程中是不会变的；还有一部分是未分配利润。

(二) 未分配利润是增加的所有者权益的最重要组成部分

企业在经营中产生的利润，除了支付银行利息和国家税款外，其余归股东所有，如果股东不分配，则将其投入企业下一年的经营，从而形成未分配利润。这自然可以看作股东的投资，成为其权益的重要组成部分。

(三) 会计恒等式的应用

资产=负债+所有者权益。企业筹集了资本，在进行了采购厂房和设备、引进生产线、购买原材料、生产加工产品等活动之后，余下的资本(资金)就是企业的流动资金。可以说，企业的资产就是资本转化过来的，而且是等值转化。通俗来讲，资产就是企业的"钱"花在了哪儿，资本(负债+所有者权益)就是这些"钱"属于谁，两者从价值上来说必然是相等的，即在企业的资产负债表中，左边与右边一定是相等的。

(四) 净利润增加的途径

企业经营的目的是股东权益最大化，本实训中所有者权益增加的来源只有一个，即净利润。净利润来自何处呢？利润的来源只有一个——销售，但销售款不全都是利润。

企业在收回销售款之前，必须要采购原材料、支付工人工资，还要支付其他生产加工时必需的费用，最终生产出产品。当企业把产品卖掉，收回销售款时，要在收入中抵扣掉这些直接成本；还要抵扣掉企业为形成这些销售而支付的各种费用，包括产品研发费用、广告投入费用、市场开拓费用、设备维修费用、管理费用等，这些费用也是在得到收入之前已经支付的；机器设备在生产运作后会贬值，资产缩水了，这部分损失应当从销售额中得到补偿，这就是折旧。

销售款经过以上三个方面的抵扣之后,剩下的部分形成支付利息前利润,归三方所有。首先资本中有很大一块来自银行的贷款,企业在很大程度上是靠银行的资金产生利润的,而银行贷款给企业,当然需要收取利息回报,即财务费用;企业的运营离不开国家的"投入"(如道路、环境、安全等),所有中的一部分归国家,即税收;最后的净利润才是股东的。

那如何才能扩大净利润?无非就是开源和节流两种方法,可以考虑用一种,也可以考虑两者并用。开源就是努力扩大销售,可以通过开拓市场、增加品种和扩大产能等措施来增加企业的净利润;节流就是尽力降低成本,可以通过降低直接成本、降低间接成本和增加毛利等措施来增加企业的净利润。开源与节流的具体措施详见图4-4和图4-5。

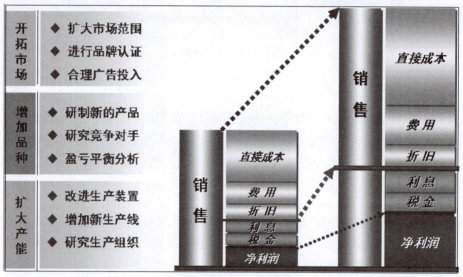

图4-4 开源——努力扩大销售

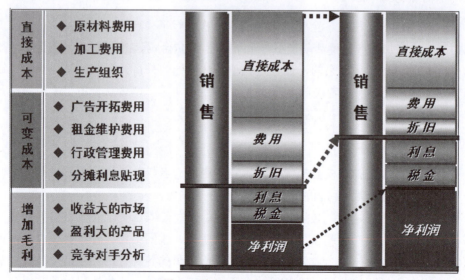

图4-5 节流——尽力降低成本

任务四　企业综合评价

在ERP沙盘模拟经营过程中，10个起始状态设置完全一样的企业，经过几年的经营，会出现一定的差异，有的企业甚至已经破产倒闭，为什么会产生不同的结果呢？这是学生们在模拟企业经营过程中一直考虑的一个问题。本任务将某企业六年的数据展示出来，并分别从全成本分析、产品贡献度、本量利分析、市场占有率和杜邦分析体系等财务角度进行分析，让学生们学会用数据说话，能够分析企业经营成果，找出影响企业利润的关键因素，并掌握企业经营的成功之道。

图4-6和图4-7所示为某企业六年的经营数据(数据来源于某一手工沙盘实训课程的H组)。

年份	管理费	广告费	设备维护	厂房租金	转产费	市场开拓	ISO认证	产品研发	其他	总计	P1 收入	P1 数量	P1 成本	P2 收入	P2 数量	P2 成本	P3 收入	P3 数量	P3 成本	P4 收入	P4 数量	P4 成本
1年	4	13	4			4	2	12		39	30	6	12									
2年	4	6	5			3	2	6		26	15	3	6				17	2	8			
3年	4	8	5	5		2	1			25	35	7	14	16	2	6	37	4	16			
4年	4	5	5	5		1				20	16	4	8	15	2	6	75	5	36			
5年	4	8	5	5						23	27	6	10	49	7	21	60	7	28			
6年	4	10	6							20	16	9	4	56	9	27	28	3	12			
7年																						
8年																						

图4-6　综合管理费用数据

利润表 项目	1	2	3	4	5	6	7	8	资产 流动资产	1	2	3	4	5	6	7	8	负债+权益 负债	1	2	3	4	5	6	7	8
销售收入	30	32	88	106	136	100			现金	93	23	37	15	26	32			长期负债	100	80	80	80	80			
直接成本	12	14	36	50	59	47			应收	30	17	33	85	24				短期负债	40	40	20		20	80		
毛利	18	18	52	56	77	53			在制品	8	14	12	18	18				应付款								
综合费用	39	26	25	20	23	20			产成品	6	10	14	11	28				应缴税				2	4			
折旧前利润	-21	-8	27	36	54	33			原材料			1						1年期长贷	20	20						
折旧	3		8	12	12	8			流动合计	137	65	82	74	140	102			负债合计	160	140	100	80	102	84		
息前利润	-24	-8	19	24	42	25				固定资产									权益							
财务收/支	4	14	12	9	8	9			土地和建筑	40	40			40				股东资本	50	50	50	50	50	50		
额外收/支		1	1	1					机器设备	5	36	34	31	35	27			利润留存	16	-12	-33	-25	-9	23		
税前利润	-28	-21	8	16	34	16			在建工程	16	16							年度利润	-28	-21	8	16	32	12		
税				2	4				固定合计	61	92	43	47	35	67			权益小计	38	17	25	41	73	85		
净利润	-28	-21	8	16	32	12			资产总计	198	157	125	121	175	169			负债权益总计	198	157	125	121	175	169		

图4-7　经营结果数据

从图4-7中可以看出，该企业除第五年以外，其余年份业绩平平，从第三年起，销售收入增长较快，但利润增长乏力。该企业经营得挺辛苦，但是赚钱并不多。

一、综合市场占有率——谁拥有市场主动权

谁拥有市场，谁就拥有主动权。市场的获得与各企业的市场分析与营销计划相关。市场占有率是企业能力的一种体现，企业只有拥有了市场才有机会获得更多收益。市场占有率指标可以按销售数量统计，也可以按销售收入统计，这两个指标综合评定了企业在市场

125

中销售产品的能力和获取利润的能力。

综合市场占有率是指某企业在某个市场上全部产品的销售数量(收入)与该市场全部产品的销售数量(收入)之比。

某市场某企业的综合市场占有率=该企业在该市场上全部产品的销售数量(收入)/全部企业在该市场上各类产品总销售数量(收入)×100%

第四年各企业的市场占有率如图4-8所示。

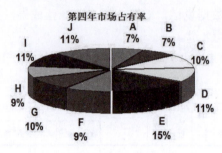

图4-8　市场占有率

从图4-8中可以看出，该市场中的E企业因为拥有最大的市场份额而成为市场领导者，且领先于其他9个企业。这样，在后面几年里，E企业的广告费可以节约不少，营销规划也更容易制定。

二、全成本分析——钱花在哪里了

全成本分析属于企业盈利能力分析指标之一，分析各项费用占销售收入的比重，应从比例较高的那些费用支出入手，分析其发生的原因，可以提出控制费用的有效办法。各企业各年度成本汇总如图4-9所示。

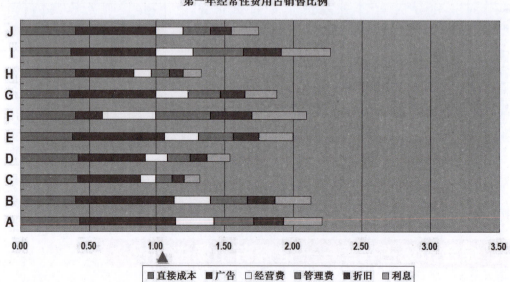

(1)

图4-9　各年度各企业成本汇总

第四单元 企业经营成功之道

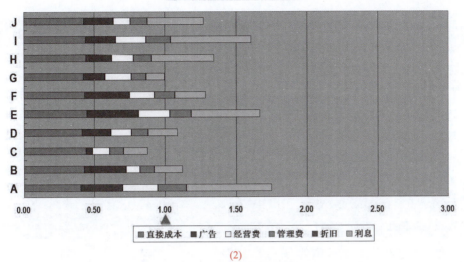

(2)

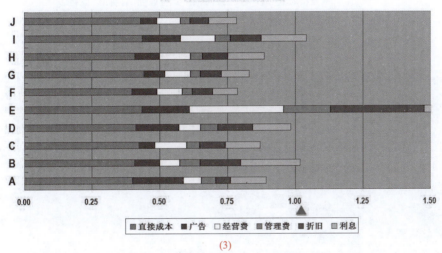

(3)

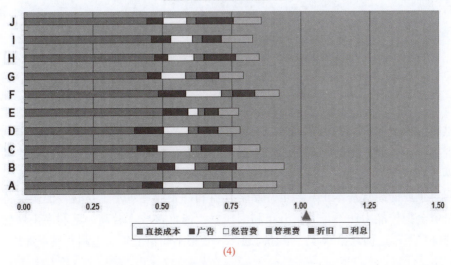

(4)

图 4-9(续)

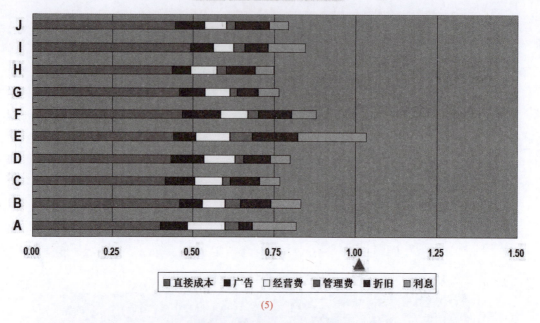

(5)

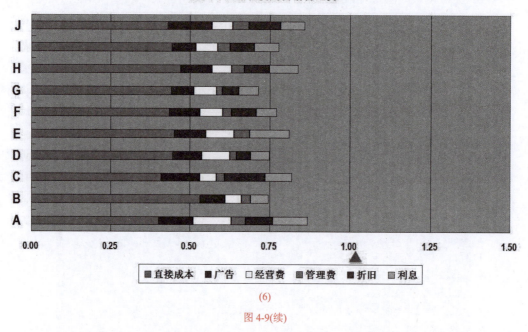

(6)

图4-9(续)

这里的经营费=综合费用−管理费−广告费，从图4-6、图4-7和图4-9中的数据分析H企业，发现第一年、第二年的经营费和广告费占比较高，同时财务费用增加。这主要是因为企业前两年在做更新改造，产品种类少，市场较单一，同时市场竞争也比较激烈。第三年、第四年企业的经营基本正常，也开始略有盈利，企业逐步走上正轨，但是财务费用较高，看来资金把控能力还不足。第五年利润较好，但直接成本较高，毛利率不理想，看来对市场的研究还不透彻。第六年广告有问题，其效果不如第五年，毛利率也不理想。

三、本量利分析——生产什么产品、产销多少才能赚钱

本量利分析法全称为成本产量利润分析法，也叫保本分析或盈亏平衡分析法，它是根据成本、业务量(产量、销售量、销售额)、利润三者之间的关系，来预测利润、控制成本的一种数学分析方法，是企业经营决策中常用的一种方法。对一个经营多种产品的企业来说，到底生产什么产品、产销多少才能赚钱，需要进行本量利分析。

本量利分析法的核心是盈亏平衡点的分析。盈亏平衡点是指在一定的销售量下，企业的销售收入等于总成本，即利润为零。以盈亏平衡点为界，销售收入高于此点则企业盈利，反之企业亏损。因此，在企业经营活动中，应掌握盈亏变化的规律，进而指导企业选择能够以最小的成本生产最多产品并可使企业获得最大利润的经营方案。本量利分析如图4-10所示。

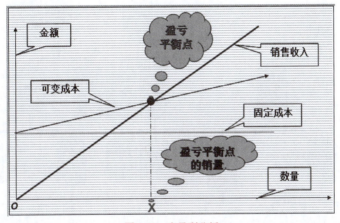

图 4-10 本量利分析

销售额和销售数量成正比，而企业成本支出分为固定成本和变动成本两部分，固定成本和销售数量无关，如综合费用、折旧、利息等。变动成本曲线和销售金额曲线交点为盈亏平衡点。利润和盈亏临界点销售量的计算公式为

利润=销售额−变动成本−固定成本=单价×数量−单位变动成本×数量−固定成本

盈亏临界点销售量=固定成本/(单价−单位变动成本)

例：P1销售单价为5，直接成本为2，固定成本为21，则盈亏临界点销售量=21/(5−2)=7(个)。

以上计算结果表明：如果P1产品销量不足7个，本产品本年度就会亏损。

通过图4-10，我们可以分析出，盈利不佳是因为成本过高或产量不足，所以企业在从事经营活动的过程中，应最大限度地缩小盈亏平衡点的销量或销售收入，尽量提高盈利销量，实现企业利润最大化目标。

四、杜邦分析体系——找出影响利润的因素

杜邦分析体系是一种比较实用的财务比率分析体系。这种分析最早由美国杜邦公司使用，故而得名。企业经营的目标是盈利，那如何衡量经营的好坏呢？有两个最关键的指标：资产收益率和净资产收益率(股东权益收益率)，而净资产收益率是股东最为关心的指标

之一。净资产收益率的计算公式为

$$净资产收益率 = 销售净利率 \times 总资产周转率 \times 权益乘数$$

杜邦体系分析法的基本思想就是将企业的净资产收益率逐级分解为多项财务比率乘积，它可以用来综合地分析和评价企业盈利能力和股东权益回报水平，有助于深入分析比较企业经营业绩。杜邦体系分析图详见图4-11。

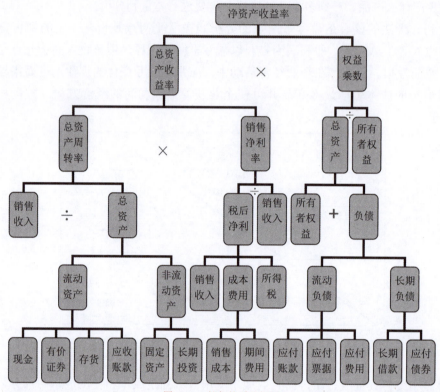

图4-11 杜邦体系分析图

杜邦体系分析图告诉我们，净资产收益率是杜邦分析的核心指标，这是因为任何一个投资人投资某一特定企业，其目的都是希望该企业能给他带来更多的回报。因此，投资人最关心这个指标，同时这个指标也是企业管理者制定各项财务决策的重要参考依据。杜邦分析将影响这个指标的3个因素从幕后推到台前，使我们能够目睹它们的"庐山真面目"，所以在分析净资产收益率时，应该从构成该指标的3个因素着手。

(一) 销售净利率

销售净利率的计算公式为

$$销售净利率 = \frac{净利润}{销售收入} \times 100\%$$

销售净利率反映了企业利润总额与销售收入的关系。提高销售净利率是提高企业盈利水平的关键所在。要想提高销售净利率，主要有以下两个途径。

(1) 扩大销售收入(开源)。

(2) 降低成本费用(节流)。

降低各项成本费用开支是企业财务管理的一项重要内容。通过对各项成本费用开支进行列示，有利于企业进行成本费用的结构分析，加强成本控制，以便为寻求降低成本费用的途径提供依据。

(二) 总资产周转率

总资产周转率的计算公式为

$$总资产周转率 = \frac{销售收入}{资产总额} \times 100\%$$

总资产周转率揭示了企业资产总额实现销售收入的综合能力，反映了企业资产的营运能力，既关系到企业的获利能力，又关系到企业的偿债能力。企业应当联系销售收入分析企业资产的使用是否合理，资产总额中流动资产和非流动资产的结构安排是否适当。一般而言，流动资产直接体现企业的偿债能力和变现能力，非流动资产体现企业的经营规模和发展潜力。这两者之间应有一个合理的结构比率，如果企业持有的现金超过业务需要，就可能影响企业的获利能力；如果企业持有过多的存货和应收账款，则既会影响获利能力，又会影响偿债能力。为此，企业就要进一步分析各项资产的占用数额和周转速度，对于流动资产，应重点分析存货是否有积压现象，货币资金是否闲置；对于应收账款，要分析客户的付款能力和有无变为坏账的可能；对于非流动资产，则应重点分析企业的固定资产是否得到了充分利用。

(三) 权益乘数

权益乘数与资产负债率的计算公式为

$$权益乘数 = \frac{1}{1-资产负债率}$$

$$资产负债率 = \frac{负债总额}{资产总额} \times 100\%$$

权益乘数主要受资产负债率的影响，可以反映企业的负债能力。这个指标高，说明企业资产总额中的大部分是由负债形成的，这样的企业将会面临较高的财务风险；而这个指标低，说明企业的财务政策比较稳健，负债较少，风险也小，但获得超额收益的机会也不会很多。因此，企业既要合理使用全部资产，又要妥善安排资本结构。

通过对以上3个因素的学习，我们可以发现，杜邦体系分析既涉及企业获利能力方面的指标(净资产收益率、销售利润率)，又涉及营运能力方面的指标(总资产周转率)，同时还涉及举债能力指标(权益乘数)。由此可见，杜邦分析法是一个"三足鼎立"的财务分析方法。

无论是手工沙盘还是商战电子沙盘，都可以通过各企业不同年份的杜邦体系分析图来进行经营分析，找出企业经营中存在的问题。

思考：

根据图4-12，试分析H企业第4~6年的经营业绩，找出影响利润的因素，并提出改进措施。

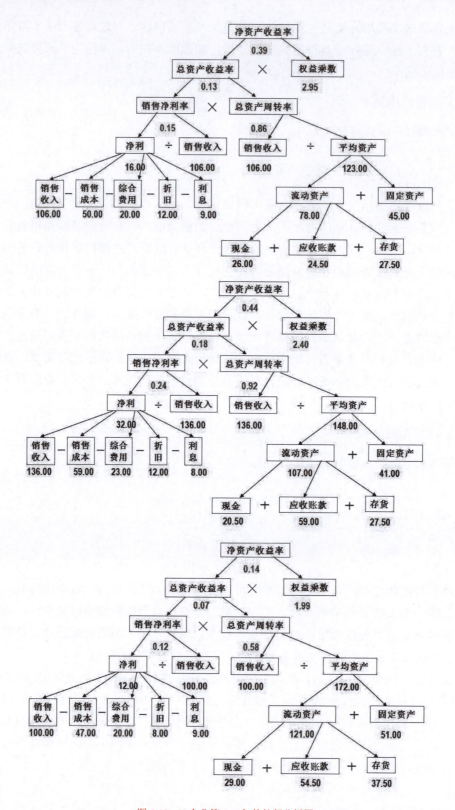

图 4-12 H 企业第 4~6 年的杜邦分析图

单元小结

本单元归纳了工业革命与优秀企业经营之道,学习者可以通过实训掌握企业经营的基本业务流程及企业经营的本质;学会用数据说话,树立战略观念,不做"拍脑袋决策";学会透彻分析企业经营成果,掌握企业经营成功之道,明白获利才是企业经营的根本目的。

第五单元

经典案例分享

单元目标：

- 介绍ERP沙盘竞赛举办的情况。
- 剖析经典策略，分享ERP沙盘模拟企业经营过程中各部门的经验。
- 分享沙盘战术经验。

任务一　了解ERP沙盘竞赛举办情况
任务二　剖析经典策略
任务三　分享沙盘战术经验

"纸上得来终觉浅，绝知此事要躬行"，正是ERP企业经营模拟沙盘实训课程的最好写照。该课程有很强的竞争性、互动性、趣味性，相比理论课程吸引力大大增加。因为每实训一轮都会出现不同的问题，所以学生会有不同的收获、不同的新鲜感和不同的冲击感。

任务一　了解ERP沙盘竞赛举办情况

每年一度的沙盘大赛吸引着广大学生和老师的关注，从第一届的十几支队伍，到2021年第十七届的全国上千所院校参赛，最终有一百多支队伍同场竞技，沙盘的魅力由此可见一斑，该比赛也成为目前国内最具影响力的院校活动之一。

从2002年起，用友网络科技股份有限公司开始实施"ERP人才工程"战略，与高校联手进行复合型、实践型人才的培养。近年来，用友网络科技股份有限公司向高校推广"体验式教学"课程即"ERP沙盘模拟对抗"课程，取得了良好的效果，并在高校中引起强烈反响，为高校培养高素质的ERP管理人才提供了新的思路。

为了激发学生的学习热情和竞争意识，锻炼学生的全局观念和规划能力，加快高校实用性人才的培养进程，用友网络科技股份有限公司秉承"公平竞争、诚信交易、团结合作、探索创新"的原则，在2005—2021年，与中国高等教育学会采取"校企合作"的研究模式，成功举办了十七届"用友杯"全国大学生ERP沙盘大赛，其作为实训课程体系的"第二课堂"，获得了全国各高等院校教师及学生的一致好评。先后有来自全国各省、自治区、直辖市的二十多万学生参加了各阶段的比赛活动，大赛对普及ERP基本知识，推广沙盘模拟教学起到了巨大作用，为各行各业培养ERP应用人才创造了良好环境，同时也为学生个人的职业发展创造了良好机会。沙盘大赛已成为当代经管类专业大学生、职业院校学生中规模最大、影响力最强的赛事之一。

在2005—2006年，ERP沙盘大赛的口号是经营企业沙盘，经营职业人生。大赛以"沙盘模拟经营"课程为核心，对赛事内容进行创新设计，普及体验式教学新模式。

在2007—2008年，ERP沙盘大赛的口号是创新更新观念，创业铸就人生。从2007年开始，大赛把创业设计与原有的企业经营模拟大赛紧密结合，旨在激发当代大学生的创意、创新灵感及其对商业机会的把握，从而实现由创意到创业的过程；同时经过沙盘模拟经营比赛，又可及时检验创业活动设计的得失与成败。通过比赛，学生可以体验创业的核心理念，掌握创办、管理、经营企业的知识与技能，从而对其生涯设计、价值取向、实践思维、理想抱负产生深刻影响，并将有力促进大学生综合素质的提高与科学世界观的形成。

在2009—2013年，ERP沙盘大赛的口号是培养创业素质，提升经营能力。2009年，大赛创造性地将企业信息化管理结合到赛事中来，让学生充分体验手工管理和信息化管理的差异。

全国大学生沙盘模拟大赛为当代大学生搭建了第二课堂学科竞赛平台。新道公司也一直致力于在全国合作院校中推广该大赛，使参赛学生的应用实践能力和综合素质得到提升，通过校企融合培养高素质的专业应用型人才。

从首届全国大学生ERP沙盘对抗赛开展至今，大赛得到了教育部、工信部、财政部等有关部门的关注与支持。2008年3月20日，中国高等教育学会组织有关专家、学者对该课程体系做了评估、审定，其一致认为：ERP沙盘模拟实训课程体系是对经管类专业传统课程教学模式的创新，其课程在理念上是正确的，方法上具有可操作性，既可以满足社会发展对信息化人才，特别是对创新型人才的需要；又能有效地提高经管类专业学生的综合素质与实践操作能力，对于我国高校在大力开展创新创业教育中迫切需要解决的课程教学模式问题，具有现实借鉴意义，值得推广。

任务二　剖析经典策略

经营企业最为重要的一个环节就是制定公司的经营战略。经营什么、如何经营、怎样才能获得最高的利润，这是每一个公司决策层首先需要考虑的问题。很多企业在公司运营伊始就犯下致命的错误，所以在经营过程中绞尽脑汁也无法使企业走出困境。一般来说，比赛主要是根据每支队伍最终的所有者权益来评判名次的。

一、所有者权益增加的途径

在资产负债表里，所有者权益等于上一年的所有者权益加今年的净利润(注意：ERP沙盘里的净利润全部留存下来，不进行利润分配)，所以增加所有者权益其实就是增加每一年的净利润。增加净利润的方法有两种，一种是开源，另一种是节流。开源的实质就是要扩大销售，争取最大化的销售收入，而增加销售收入就要提高生产能力，分析好市场，投好广告，争取尽可能多的订单，销售收入的毛利增长和净利润增长通常成正比。节流的实质就是要节省费用，可以用1万元去解决的问题绝对不能多花1元，能省的地方主要是贴现费用、折旧费用、广告费用、维修费和研发费，费用支出和净利润增长通常成反比。

开源节流的道理其实大家都懂，但是难就难在开源和节流是相互矛盾的。以广告投入为例，如果广告投入减少，那么可能拿到的订单也会减少，于是空有强大的生产力，产品却销售不了，即毛利不能增长，净利润减少。这样会进入一种恶性循环，既想多赚又想省钱，患得患失的最后结果就是落后于人。所以，财务在做好预算决策的同时，在核算成本时也要多核算一下投入产出比。如果多投10万元的广告，可以多拿一个产品订单，增加的毛利大于10万元，那便是合算的。就算多投10万元只能多赚10万元，其实也是值得的。因为对资产负债表上的所有者权益来说是没有什么影响的，但能换来广告总量的增加，所以还是值得的。

不管怎样，所有者权益从第一年到第六年，一般都是先下降后上升的抛物线。有些策略在前3年会使所有者权益下降得过快，会使融资出现困难，一旦现金流出现问题，就很容易破产；还有些策略使前3年所有者权益下降得很缓慢，在后3年也是温和上涨，这样的策略就比较稳健。最优的策略状态就是在前3年所有者权益缓慢下降，在后3年所有者权益飞速增长，要做到这一点就需要每个团队紧密结合市场预测图，密切关注竞争对手，进行策略分析，选择最优策略。

二、经典策略

案例是最形象也是最直观的,为了使读者在起跑线上就能赢得先机,下面将列出几套成功的经典策略供沙盘学习者在实战中参考。

(一) P1和P2组合策略

1. P1和P2组合策略的优势

该策略的研发费用较低,仅为50万元,能有效控制住综合费用,进而使得利润、所有者权益能够保持在一个较高的水平,这对于后期的发展非常有利。依照大家的经验,第一年的所有者权益控制在440万元为最佳,第二年实现盈利后,所有者权益会飙升至570万元。用此策略可在第三年将生产线扩建成10条,这是迄今为止扩大产能速度最快的一种策略。即使环境恶劣,到第二年企业一个产品都没有卖出去,收不到任何现金,在这一年企业依然可以很舒心,可以轻松坚持到下一年。如果要迅速扩张,以产能来挤压竞争对手的生存空间,这条策略无疑是最优的。

2. P1和P2组合策略的劣势

这条策略的优势非常明显,但劣势却不易察觉,使用该策略的同学可以在前期建立很大的优势,但在后期通常会神不知鬼不觉地被超越,该类例子下到普通训练赛上至国家级比赛不胜枚举。其原因有两个:一是该策略在后期缺乏竞争力,当大家都扩建起10条生产线的时候,P1、P2的利润显然不如P3、P4,被所有者权益相差200万元以内的对手反超不足为奇;二是同学用此策略建立起前期优势后,难免会有心理上的松懈,赛场如战场,战争形式可能一日数变,如果缺乏足够的细心和耐心处理对手的信息,被对手在细节处超越的可能性也是很大的。

3. 操作步骤

以初始600万元为例,详细操作如下(本操作步骤只做一般性参考,读者切不可犯教条主义错误)。

第一年:年初借600万元长期借款。

第一季度:研发P1扣10万元;行政管理费扣10万元;现金余额为1180万元。

第二季度:购买小厂房扣180万元;订购原材料R1,数量为4,新建1条P1自动生产线和1条P2自动生产线扣100万元;研发P2和P1扣20万元;行政管理费扣10万元;现金余额为870万元。

第三季度:购买大厂房扣400万元;原材料入库扣40万元;订购原材料R3,数量为4,新建4条超级手工生产线生产P1扣140万元;开始下一批生产扣40万元,研发P2扣10万元;行政管理费扣10万元;现金余额为130万元。

第四季度:借入短期贷款200万元;订购原材料R1、R2、R3,数量分别为2、4、1,在建生产线扣100万元;研发P2扣10万元;行政管理费扣10万元;开拓除国际市场外的4个市场扣40万元;ISO9000资格认证扣10万元;维修费扣20万元;现金余额为140万元;所有者权益为440万元。

第二年：年初本地P1投15万元，P2投10万元；区域P1投14万元，P2投11万元；扣除长贷利息60万元；借入长期贷款200万元。

第一季度：原材料R1、R2、R3入库，数量分别为2、4、4，扣100万元；订购原材料R1、R2、R3，数量分别为1、1、6；生产2个P1、4个P2，扣60万元；行政管理费用扣10万元；现金余额为60万元。以下省略。

第四季度：开拓国内、亚洲、国际市场，进行ISO9000和ISO14000资格认证。

在卖出8个P1、5个P2后最终权益可以达到570万元。

第三年的贷款全部贷出，参加订货会和竞单会，进行下一步的发展。接订单应多接小单，最优搭配是每季产出就能卖出，其余细节就不赘述了。

4. 使用环境

该策略使用环境：主要用在初学者的比赛中，当对手大多采用P3、P4策略时也可运用该策略。

（二）P2和P3组合策略

P2和P3组合策略可谓攻守兼备，推荐选择4条超级手工生产线，P2、P3各有1条自动生产线。

1. P2和P3组合策略的优势

此策略的优势在于使用者可以在比赛全程获得产品上的优势：P2的毛利比较稳定，可以达到40万元/个，而P3的毛利为近50万元/个，差距不是很大，可以根据各年份、各市场的产品毛利情况有选择地主打P2辅以P3或主打P3辅以P2，4条超级手工线极大地增加了转产其他产品的机动性。所以，这个策略的优势概括起来就是全程保持较高的利润，无论战况如何都能处于一个有利位置。

2. P2和P3组合策略的劣势

这套策略虽然可以使经营趋于一种稳定的状态，但倘若读者想要有一番大的作为，则要尽可能地再添加几分筹码，如后期扩张时多开几条P4的生产线。

3. 操作步骤

（1）因为P3最快也要到第二年第一季度才能投入使用，所以应该把一条P3的生产线设置在第二年第一季度刚好能够使用，这样才能最大限度地做到控制现金流。

（2）第一年的1条全自动线和4条超级手工线生产P2，第二年第二季度4条超级手工线根据需要可以考虑转产。需要注意的是，这里也要做到生产线和研发的匹配，要严格控制现金流。

（3）第一年市场可以考虑不全开，因为产品的多元化能够起到分散销售产能的作用，不必亚洲、国际市场全开，第一年也可考虑本地、区域市场只选择一个市场；ISO资格认证方面，对于ISO14000资格认证可以暂缓，但是ISO9000资格认证一定要进行，因为第三年市场往往会出现ISO9000标识的订单，拥有认证就能占得先机。

（4）如果第二年只有本地或区域一个市场，由于市场较小，可以考虑提高主打产品的广告费，广告费控制在40万元比较合适。

4. 使用环境

当所有产品中的对手分布比较均衡，或者P1、P4市场过于拥挤时可以使用此策略。

(三) P2和P4组合策略

P2和P4组合策略可以视为保守的P4产品策略。

1. P2和P4组合策略的优势

前期在P4产品订单数不足时可以将一定的产能分散到P2产品的市场，保证第二年的盈利，这样就可以解决纯P4产品的长贷利息问题，第二年的利润就可以大大增加，以便提高扩建生产线的速度。此外P2产品、P4产品的搭配对于夺得"市场老大"地位也是很有帮助的，两个产品进攻同一个市场，一般的对手无法抗衡。

2. P2和P4组合策略的劣势

前期研发费用有80万元，太高了，而且生产这两种产品的生产成本很高，资金流转速度太慢，需要较高的控制水平。

3. 操作步骤

(1) 第一年需要借长期借款，建生产线需要超级手工线和自动线配合。建P2产品线可以考虑第二季度开建，第四季度完成投资；建P4产品线可考虑第三季度开建，下一年第一季度完成投资。

(2) 第一年市场开3~4个，进行ISO9000资格认证，保持所有者权益不要下降得太快。

(3) 第二年长期借款贷足。

(4) 第二年资金会紧张，应尽可能将每季度产品及时卖出。

(四) 纯P2策略

P2是一个低成本、高利润的产品，前期倘若能卖出数量可观的P2产品，则必定能使企业腾飞。

1. 纯P2策略的优势

投资纯P2产品所需成本仅为30万元，而P2产品利润均在40万元左右，并且比较稳定，倘若在前期拿到足够的订单，则可以迅速崛起称霸。

2. 纯P2策略的劣势

由于P2产品的利润相当高，觊觎这块"肥肉"的人自然不在少数，所以极有可能造成市场紧张，以致拿不到足够的订单，风险颇大。

3. 操作步骤

(1) 前期由于市场比较紧张所以推荐中厂房，第一年第三季度开发完成3条P2产品自动生产线，第四季度就开始生产。

(2) 第二年的广告总额最好不要超过60万元，但应尽可能将产品出售完。

(3) 市场开拓方面建议全部开拓，进行ISO9000和ISO14000资格认证。

(4) 扩建生产线速度要快，但要和资金流配比合理。

4. 使用环境

P2产品的市场不是很紧张就好，P2产品生产线占总体的40%以下均可使用。

(五) 纯P3策略

纯P3产品策略是一种堪称经典的绝佳策略，原因有二：一是只研发P3产品的研发费用不高，只有40万元；二是P3产品的毛利颇为可观。

1. 纯P3策略的优势

P3产品表面上看起来"食之无味，弃之可惜"，如果读者能够静下心来仔细揣摩比赛时参赛者的心理就可以明白，P3产品比P2产品的利润高得不多，远不如P4产品的利润大，况且P3产品门槛不高，国内市场没有P3的需求，这都是P3产品的明显缺陷。正是这些缺陷的存在才导致P3产品从来不会过于显眼，所以使用纯P3产品策略往往可以起到规避风险的作用，这样就可以大大降低市场广告费用的投放，也就变相提高了产品的利润。此外，P3产品利润变动幅度不是很大。

2. 纯P3策略的劣势

因为P3产品的研发周期较长，所以在第一年无法生产，第二年才可以开始生产，因此参赛者要考虑好建多少条生产线的问题。如果P3产品卖不出多少，第二年真要生产就会面临生产线维修等诸多问题，前期若没利润，参赛者心理压力会增大，一旦失手就会输掉比赛。因此，选择这套策略的参赛者需要沉着冷静，有很高的心理素质才行。

3. 操作步骤

(1) 第一年生产P3的企业不会很多，第二年不需要多少广告费就可以卖光产品。
(2) 市场要全部开拓，因为产品集中。
(3) ISO9000和ISO14000均要认证。
(4) 如果生产P3产品的对手过多，可在后期增加两条P1产品生产线，以缓解压力。

(六) 纯P4策略

纯P4产品策略绝对可以称为一个险招。

1. 纯P4策略的优势

纯P4策略优势很明显，P4产品的利润巨大，每卖出一个产品都能获得比别人多1倍甚至1倍以上的利润。此外，P4产品还有一个特点就是进入这个市场比进入P3产品市场难很多，不仅多了研发费用，原料成本也很大，并且有需要P1作为半成品的要求。P4产品的单价极高，倘若比赛规则中有"市场老大"，则使用纯P4策略的同学可以轻易地拿到"市场老大"位置，从而以最低的广告成本选择最优的订单。如果对手不在初期进入市场，后期基本进不来，一旦前期确立了优势，那就意味着胜券在握了。

2. 纯P4策略的劣势

因为纯P4产品的前期投入很大，很容易损耗所有者权益，所以往往要采用长期贷款策略，这就使企业背负上了很大的还款压力，而且P4产品的市场容量较小，一旦前期对手较多则可能导致企业优势减弱或者全无，陷入苦战，那么结局就会很悲惨。例如，2009年全国总决赛中，本科组28支队伍中研发生产P4产品的队伍在第二年达到了16支，这直接导致所有走纯P4产品路线的队伍在第四年就退出了竞争的行列，无一幸免。

3. 操作步骤

(1) 前期需要借长期贷款，要做好资金流控制，控制长期贷款的利息是很困难的，一定要小心谨慎，这里不做详细介绍。

(2) 可以使用短期贷款，但不建议初学者使用。

(3) 倘若竞争对手很多，一定要在市场上挤垮对手，一个订单，得之则"生"，失之则"死"，只要有一次接不到合适的订单那基本就很难继续生存，能坚持到最后的才是王者，所以，千万不要吝惜广告。

(4) 如果要运用短贷，前期一定要控制权益，要进行ISO资格认证，市场可以缓开一个。

(5) 在一些年份可以根据实际情况考虑P1和P4产品的组合策略。

4. 使用环境

只要P4产品市场不是很拥挤、P4产品生产线占总生产线数的25%以下，就可放心使用该策略。

策略不是一切，优异的经营成果更多地建立在分析数据、思考策略和处理细节上。这一切并不是一味地通过单纯的训练就能解决的，还需要有一个比较完整、系统的方法来进行有效的、有针对性的训练，如果只是打比赛而不思考适合的策略，那永远也不会发现自己的规划错在哪里，只会认为广告投得差，方案没做好。

任务三　分享沙盘战术经验

当然，有比赛自然就有对抗，在不断的对抗过程中，无论学生还是老师，都积累了很多宝贵的竞赛技巧和比赛战术。下面将沙盘运营流程中所涉及的一些技巧与战术进行分析、归纳和探讨。

一、战略规划

沙盘企业经营的好坏，很大程度上与企业的战略规划密切相关。从某种程度上来说，规划就是使自己的团队知道自己要做什么，什么时候做，怎样做，做或不做对企业有什么影响。其实沙盘运营流程里的第一个步骤——新年度规划会议就是一个队伍的战略规划会，是一个企业的全面预算会，是一个"运筹帷幄"的决策会。但是，因其在流程表中仅仅只有一个格子，没有资金的流动，也没有任何操作，所以很多初学者往往会忽视新年度规划会议。而恰恰相反的是，一支真正成熟的、有竞争力的、有水平的队伍，往往会用四分之三以上的比赛时间来进行年度规划。

在实际经济生活中，战略规划涉及的面很宽，但对于沙盘企业而言，主要包括市场开发和ISO认证开发规划、生产线购买或出售规划、产品开发规划、产品生产规划等几个方面。战略规划从时间上划分，包括中长期规划和短期规划。中长期规划一般在五年以上，短期规划一般为一年。沙盘企业的规划应当重视短期规划，应当在每年年初都进行。这样，短期规划才会更具体，更贴近实际情况。

(一) 市场开发规划

进行市场开发首先要明确几个问题：企业为什么要进行市场开发？应当开发哪些市

场？什么时候开发？市场开发越多是不是对企业越有利？

企业在开发市场时应注意以下几点。

(1) 研究每个市场的特点。不同的市场在不同的年度，产品需求量和价格是不一样的。因此，企业应当研究每个市场不同产品、不同年度的需求量和价格水平，比较相同年度相同产品在不同市场的情况。企业经过对比后选择哪一年度的哪种产品进入哪个市场，同时确定企业进入市场中的重点市场及市场开发的时间。

(2) 了解和预测竞争对手进入市场的情况。在市场上，随时都要进行竞争。企业应当了解竞争对手的产品开发、市场开发情况，利用这些信息，分析、预测竞争对手下一步开发的市场和竞争的重点市场。这样企业可在市场开发上占得先机，避开竞争激烈的市场，不过当企业的产品丰富、资金充足、产能较大时，可以占领市场，争取"市场老大"地位。

(3) 考虑本企业产品策略，确定企业的目标市场。不同产品，在不同的年度、不同的市场，其价格和市场需求量是不同的。因此，企业在制定市场开发策略时，应考虑本企业的产品策略。例如，企业产品策略中重点产品是P3，若P3产品的需求主要集中在本地、区域和亚洲市场，国内市场需求很小，如果首先开发了国内市场，企业产品可能出现滞销现象，所以企业应当回避国内市场，首先应重点开发本地、区域和亚洲市场。

(4) 考虑本企业的资金状况。对于企业而言，当然是市场越多越好。但是，开发市场是需要投资的，市场开发未达到应有的效果，那么这种投资就是失败的。市场开发要考虑企业的资金状况，考虑资金状况时不仅要考虑现在，而且要考虑企业下一年的资金状况或更长远的战略。市场开发减少本年现金，减少本年净利润，本年的净利润减少又影响所有者权益，所有者权益的下降又要影响下一年的贷款额度。因此，市场开发不仅是市场的问题，还包含对企业战略的各个方面的影响。

总之，如果产品只在一个市场销售，则产品的销量会非常有限；如果所有企业将同类的产品都放在同一市场销售，竞争就会非常激烈。因此，企业要扩大产品销售，必须扩大产品的销售市场。但是，企业在开发市场时，并不是市场开发得越多对企业就越有利。在企业产品品种丰富、产量比较大的情况下，市场越多、产品销售渠道越多，产品也就容易销售；但企业资金紧张，产品产量小，如果再去开发市场，不仅开发的市场不能充分利用，而且会导致企业资金更加紧张甚至破产，也就是说，当企业目前的市场都未充分利用时，企业再去开发市场的策略就是不正确的。

(二) ISO认证开发规划

ISO认证包括ISO9000和ISO14000认证。企业ISO认证完成，企业可以参与有ISO要求的产品订单的竞争，但ISO认证条件只在部分市场有要求，所以企业开发ISO认证时，应根据企业市场开发策略和产品策略而定。

例如，企业重点市场为本地和国内市场，从市场预测表中可以知道，这两个市场对ISO认证条件要求不高，企业资金紧张的情况下可以不开发或晚开发；如果企业重点市场为区域市场和亚洲市场，这两个市场对ISO要求较高，则企业必须开发；不过从市场预测表中可以看到，虽然这两个市场对ISO的要求高，但时间比较晚，一般都在后两年才有要求，则企业可以推迟开发，这样既不影响产品认证和销售，也没有过早占用资金，提高了资金的使用效率。

因此，企业在进行ISO认证开发规划时，应重点考虑企业资金状况、企业的重点市场和开发时间、产品策略三个方面的问题。

(三) 生产线投资规划

企业要增加利润，就必须减少产品成本和提高产品销量，产品成本的减少和销售量的增加受到产品生产的制约，生产产品涉及用什么类型的生产线生产的问题。手工沙盘的生产线包括手工、半自动、全自动和柔性4种，每种生产线的安装周期、安装费用、转产周期和转产费用各不相同。生产线投资问题涉及企业应购买什么生产线、购买多少、什么时候购买的问题。

企业在进行生产线投资时，应当考虑以下几点。

(1) 企业的资金情况。企业在进行购买生产线的决策时，首先应当考虑企业的资金情况。这里的资金情况不仅仅是当前的资金情况，还包括后期资金的投入情况。因此，企业在购买生产线时应当考虑购买生产线对当期及以后各期的影响，防止出现由于资金紧张而中途停止安装或由于资金紧张导致完工后出现停工的情况。

(2) 产品开发完工的时间。企业在购买生产线时，应当测算生产线的完工时间。在生产线安装完工的当期，企业就能投入产品的生产才是最佳方案。这就要求企业在建设生产线时，首先要明确该生产线完工后生产什么产品，然后确定生产线的建设时间，否则就会出现生产线空置或滞后，造成浪费。当然，企业为了使生产线完工后当期投入产品的生产，还应当做好原料的采购准备工作。

(3) 是否转产。企业的生产线包括4种，每种生产线的转产周期和转产费用是不相同的。如果企业不准备转产，则应尽可能考虑全自动生产线；如果企业预计生产线需要转产或者为了竞争的需要而要转产，资金许可的情况下，则应考虑一条柔性生产线。当然，如果到了经营后期，企业则应尽可能事先做好生产线产品生产的规划，尽可能不考虑生产线转产的问题。

除此之外，企业还应当考虑折旧对当期利润的影响，以及剩余经营时间所能生产产品的数量等问题。

(四) 产品开发规划

在手工沙盘中，企业的产品品种越多，则在各个市场拿单的概率越大，对提高广告费的收益率有很大帮助，而且产品品种越多，争夺"市场老大"时主动权越大。同时，产品品种越丰富，企业在决定新生产线的产品生产时可以选择利润较大的品种，增加了选择的主动性和灵活性。但是，产品开发需要一定的周期，而且需要投入一定的开发费用，所以产品的开发涉及开发什么产品、什么时间开发的问题。

企业在进行产品开发决策时，应当考虑以下几点。

(1) 企业目标市场中产品的预计销量和预计利润水平。企业开发的产品只有大量生产并及时销售出去才能真正产生效益，否则就认为是开发失败。首先，企业要考虑的是市场需求量，只有市场需要，才能开发并生产产品；其次，要考虑目标市场产品的预计利润水平，根据各个市场产品的利润水平综合做出企业产品的开发决策。

(2) 竞争对手的产品开发策略。企业在进行产品开发时，应当预计竞争对手的产品开发策略，尽可能在产品上形成错位竞争；在进行决策时，可以从对手的市场开发情况、生产线状况、资金情况等方面入手，分析竞争对手的产品开发策略。

(3) 企业自身的生产能力。一般情况下，企业的产品品种越丰富，企业产品生产的灵活性越强。但是，企业开发产品应当结合自己的生产能力，否则，产品开发出来后，由于生产能力不足，可能导致开发出来的产品不能生产而造成资源浪费。

(4) 企业的资金状况。开发产品需要投入资金，为此，企业应当考虑自身的资金状况。最基本的原则就是，投入产品开发不会导致当期和后期出现资金断流。为此，企业应当认真做好现金预算。

(五) 产品生产规划

企业的产品开发出来后，必须投入生产才能产生效益。这就涉及产品什么时候生产、生产多少的问题。一般情况下，只要企业的资金许可，就不应当停止产品的生产，即使当期有库存，也可以在后期通过扩大市场需求销售出去。

企业在进行产品生产规划时，首先应考虑生产单位产品毛利率高的产品，如果各种产品单位毛利率比较接近，应当选择生产占用资金少的产品。其次，企业还应当考虑资金链的状况，在企业经营的前期，资金链往往紧张，一般不宜生产占用资金多的产品；在经营后期，如果资金宽裕，应尽可能生产单件产品毛利率高的产品，这样才能保证利润的快速增长。

对于生产总监来说，应当注意把握以下几点。

(1) 准确计算出各条生产线每个季度产品的上线和下线情况。生产总监应在年初准确编制产品生产及采购计划，计算出每个季度完工和上线的产品数量，并将产品完工的数据报告给销售总监，以便销售总监制定科学合理的销售策略；同时，将产品的投产情况，即每个季度原材料的需求量报告给采购总监，以便采购总监及时下原材料订单，及时购买。

(2) 准确计算出每个季度需要的加工费，报告给财务总监，以便其安排支出。生产总监根据计算出的每个季度产品投产数量，预计需要的加工费，并将该数据报告给财务总监，财务总监据以编制现金预算。

(3) 准确更新和投产，防止差错的发生。在更新生产和开始下一批生产时，生产总监应按照生产线或者产品的顺序依次更新和开始下一批生产，不可随意进行，否则容易出现差错，其他成员应监督生产总监，但不能代其行使职责。

二、资金筹集方式

企业经营过程中，如果出现了现金断流而又不能筹集到资金的情况，则意味着破产，所以企业在追求利润的同时，应当充分考虑到资金的状况，既要最大限度地利用资金，发挥资金的作用，达到资产保值、增值的目的，又要考虑到资金使用不当给企业带来的风险。为此，企业要科学合理地使用资金。

当企业资金断流时，可以通过不同的途径筹集资金，使企业解决暂时的资金危机。同时，企业也可以在不同的阶段，利用不同的资金筹集渠道筹集资金，为企业的快速发展提供物资上的保证。企业筹集资金的途径很多，包括贷款、出售厂房、贴现、出售生产线、借高利贷、出售库存等，但由于每种方式各有特点，所以在使用时应区别对待。

(一) 贷款

贷款是企业筹资的主要方式，通过贷款，企业可以解决资金短缺的困难。如果企业资金运用合理，还可以取得远高于贷款利息的投资回报。因此，企业应当考虑适度贷款。贷款包括长期贷款和短期贷款，长期贷款期限长，短期内没有还款压力，但利率较高，筹资成本高，一般适用于固定资产等长期资产的投资。短期贷款利率相对较低，但期限短，还款压力大，特别是在企业的所有者权益逐年降低而规则又不允许转贷的情况下，风险较大。一般适用于解决流动资金不足等问题，如购买原材料、支付加工费等。总体来说，贷款是企业筹集资金首先应考虑的方式，在不能贷款的情况下，再考虑其他筹资方式。

(二) 出售厂房

出售厂房可以筹集资金，但要在每年支付租金，这种方式是在不能贷款的情况下才考虑的。出售厂房收到的是4个账期的应收账款，不能在当前取得现金，因此要提前考虑资金的需求情况，提前出售，否则，如果将出售厂房的应收账款贴现，则成本太高。

一般情况下，出售厂房有两种情况：一种是主动出售，即在市场状况良好的情况下，企业因筹集资金困难而采用这种方式；另一种情况是被动出售，即当企业出现了现金断流，为了防止破产，不得已而采用这种方式，但这种被动出售对于企业来说非常危险。

(三) 贴现

贴现是企业常用的一种筹资方式，这种筹资方式时间灵活，可以随时贴现，但贴现需要有应收账款，而且使用成本高，所以企业一般在资金非常困难时采用该方式。

(四) 出售生产线

出售生产线是指由于资金严重短缺而被迫出售正在使用的生产线的一种筹资方式，应该说是一种无奈的选择。企业的生产线只能按残值出售，如果生产线净值远大于残值，企业出售生产线损失很大，而且出售生产线意味着企业的生产能力下降、收入降低，对企业不利，所以这种方式一般在不得已的情况下才被采用。当然，企业也可能根据规划要更新生产线而出售旧生产线，这种情况另当别论。

(五) 借高利贷

手工沙盘可以借高利贷筹集资金，高利贷的期限短、利率高，但在计算最终成绩的时候需要扣分，所以该筹资方式一般不轻易采用。如果企业已经由于资金短缺而面临破产倒闭，借高利贷缓解资金压力也是帮助企业暂时渡过难关的一种筹资方式。

(六) 出售库存

商战沙盘可以出售库存，库存积压较多的情况下，企业可以考虑出售产品或原材料，但原材料出售会有损失。当企业急需资金时，这也是帮助企业暂时渡过难关的一种筹资方式。

三、广告制定策略

制定广告策略，主要是解决企业在哪些市场投放广告费、在哪些产品上投放广告费，以及投放多少的问题。科学合理的广告投放可以使企业拿到满意的订单而不造成资金的浪费，提高广告收益率和提高资金的使用效率。相反，错误或不当的广告策略不仅会造成资金的浪费，还可能使企业不能拿到满意的订单而造成产品积压，降低当年的收入，影响当年的现金流量。因此，企业应制定科学合理的广告策略。

(一)是否争取"市场老大"

规则告诉我们,"市场老大"是指该市场上一年度所有产品总销售额最高的队伍,有优先选单的权利。在没有"市场老大"的情况下,根据广告费多少来决定选单次序。

很多人存在一个误区,以为"市场老大"就是比谁的广告费多。其实不然,"市场老大"比较的是整个市场的总销售额,而非一个产品单一的销售量。举个例子:甲公司只有P1产品,而另外一家乙公司拥有P1、P2两种产品,那么在选单过程中,即使最大的P1订单被甲公司获得,但是只要乙公司P1和P2两种产品的销售总额大于甲公司,那么无论甲公司投入多少广告费,"市场老大"仍然不是甲公司。这就要求我们在抢"市场老大"位置的时候,不要只靠"蛮力"猛砸广告费,而要更多考虑利用"巧劲",靠合理的产品组合来自然而然地获得"市场老大"的地位。

"市场老大"是把双刃剑,用得好了,威力无穷;用得不好,也很有可能"赔了夫人又折兵"。因此,到底要不要抢当"市场老大",以多少广告费抢当"市场老大",以什么样的产品组合抢当"市场老大",这些都是需要经过严密的计算再做博弈的。

(二)广告费该投多少

广告怎么投、广告费该投多少,这往往是学习沙盘过程中经常遇到的一个问题。很多人希望得到一本秘籍、一个公式或一个方法,从而可以套用它们而使广告投放准确。

其实在沙盘比赛过程中,几支队伍在市场的选单过程中才真正博弈交锋,产品的选择、市场的选择都集中反映在广告费用投放策略上。兵无定势,水无常形,不同的市场、不同的规则、不同的竞争对手等一切内外部因素都可能导致广告投放策略的不同。因此,要想找一个公式从而做到广告投放准确无误,这非常困难。那是不是投放广告就没有任何规律可循呢?当然不是,很多优秀的营销总监都有一套广告投放的技巧和策略。通常我们拿到一个市场预测,首先做的就是将图表信息转换成我们易于读懂的数据表。通过这样的"数字化"转换以后,我们可以清晰地看到,各种产品、各个市场、各个年度的不同需求和毛利。通过这样的转换,不仅可以让我们一目了然不同时期市场的"金牛"产品是什么,帮助我们做出战略决策,更重要的是,通过市场总需求量与不同时期全部队伍的产能比较,可以分析出该产品是"供大于求"还是"供不应求"。通过这样的分析,我们就可以大致分析出各个市场的竞争激烈程度,从而帮助我们确定广告费的投入量。另外,除了考虑整体市场的松紧情况,我们还可以将这些需求量除以参赛的队伍数,得到一个平均值,在投放广告时,如果今年打算出售的产品数量大于这个平均值,则意味着可能需要投入更多的广告费用去抢别人手里的市场份额。反过来,如果企业打算出售的产品数量小于这个平均值,那么相对来说可以少投入一点广告费。

除了以上所说的根据需求量分析,广告费的投放有时还要考虑整体广告方案,吃透并利用规则,即若在同一产品上有多家企业的广告投入相同,则按该市场上全部产品的广告投入量决定选单顺序;若市场的广告投入量也相同,则按上年订单销售额的排名决定顺序。在某一市场整体广告费偏高,或者前一年度销售额相对较高的情况下,可以适当优化部分产品的广告费用,从而实现整体最优的效果。

四、竞单规划

企业进行正确的广告投放，只是为拿到订单提供了条件，但能否拿到最佳订单，关键在于竞单。所谓最佳的订单就是将生产的产品全部销售，使每张订单的产品毛利最大，账期最短，拿到真正最佳的订单是企业努力的方向。企业在拿到订单时，除了拿单时要随机应变外，还应当注意以下几点。

(一) 事先明确企业在每个季度各种产品的生产情况

企业在竞单时，有时候会涉及有限制条件的订单，如加急订单，如果事先没有准确计算出各期生产产品的情况，那么在拿到订单的时候就会陷入被动。

(二) 分析对手广告投入情况，合理确定产品市场

在竞单以前，裁判会将各组广告投放情况展示出来，以便确认广告录入是否正确。企业可以利用这个时机，将各组的广告投放情况进行记录并分析，以利于企业调整竞单的策略。如果企业没有做这样的分析，则可能会放弃比较好的竞单机会。

(三) 配合企业的资金预算选单

企业在竞单时，有时会面临选择。例如，有两张订单，销售数量都相同，不同的是账期和总价：一张订单账期比较长，但总价比较高；另一张订单账期比较短，但总价相对比较低。在这种情况下，如果企业资金比较紧张，就应该选择账期比较短，但单价相对较低的一张订单；相反，如果企业没有资金困扰的问题，则应选择总价较高的订单。

五、交单规划

合理安排订单交货时间，配合现金预算需要，可以起到削峰平谷、减少财务费用的效果。通常来说，我们产出了几个产品就按订单交几个，尽量多交货，但是有的时候，我们还应该参考订单的应收账款账期来交货，使得回款谷峰与现金流的谷峰正好匹配。

(一) 账期

相同数量的两张订单，由于账期的不同，先交单和后交单会直接影响企业的现金回笼情况。具体可以分以下两种情况来考虑。

(1) 在资金暂时不会断流的情况下，可以先交账期长的订单，后交账期短的订单。

(2) 在资金非常紧张的情况下，急需资金回笼，应先交账期短的订单，这样可以缓解短期的资金压力，尽可能减少贴现，减少财务费用，增加所有者权益，但如果只有靠贴现才能解决资金断流的问题，则应考虑先交账期长的订单。

(二) 数量

在沙盘企业经营过程中，经常会遇到这样的情况，两张订单都是同种产品，但一张订单数量较大，另一张订单数量较小。通常情况下，我们都会在每个季度能交多少订单就交多少订单。有时，我们可以考虑将订单组合起来交付，将产品囤积到一个季度，留到下个

季度再生产几个产品一起累加交单,因为订单的数量多,则它的总额肯定大,但企业很有可能就因为这点差额导致现金断流而破产,所以将订单的数量进行合理的组合进行交单也是很有必要的。

(三) 总额

有时企业的交单纯粹就是为了贴现解决资金问题。在两张订单的产品、数量相同但总额不同的情况下,以手工沙盘规则为例,如一张订单总额为20M,另一张订单总额为21M,由于贴现规则是贴7的倍数,如果我们需要13M的现金才能满足资金需要,为了配合贴现,避免浪费,一般来说,不管这两张订单的账期如何,都应先交21M的订单,这样才能满足需要。

(四) 产品

如果生产总监将产能估算错误,出现拿回来的订单大于产能的情况,这样就有可能违约。为了把损失控制在最小的范围内,可以参考以下3种情况下到期应该如何处理。

(1) 如果按原计划进行生产,则要赔偿拥有"市场老大"地位的那个市场的订单,赔偿了订单,企业就会失去"市场老大"的地位,而且还要接受罚款。怎样才能减少损失?我们可以对生产线进行转产,保证"市场老大"的地位不受影响,在其他市场违约。

(2) 如果我们少一个P2产品,而那张订单的总额较大,则可以进行生产线的转产,将生产其他产品的生产线转为生产P2产品,这样我们就可以尽量减少赔款金额。

(3) 紧急采购来交货,但是也会有损失,因此需要和违约比较,看哪种损失更小。

以上3种情况都是在拿回订单时就发现要违约的情况。还需要注意的是,转产需要提前下原材料订单。

综合以上4个因素的考虑,每组沙盘企业在经营过程中,应当合理安排订单的交货时间和次序,关注订单的应收账款账期,通过细致的预算和资金筹划,可以起到很好的"节流"效果。

六、材料采购规划

企业只有及时订购并采购材料才能保证生产的正常进行。科学合理地采购材料,既能保证生产的需要,又不造成材料的积压,达到"零库存"状态,是采购总监的目标。因为资金是有时间成本的,通俗来讲,我们在沙盘企业经营中,通常会有贷款,那就意味着我们用来买原材料的钱是需要支付利息的,而在沙盘模型中,原材料库存本身是不会获取利润的。因此,原材料库存越多就意味着需要更多的贷款,而增加的这部分贷款会增加财务费用的支出,同时会降低资金周转率。因此,减少库存是企业节流的一项重要举措。

在采购环节,采购总监应注意把握以下几个问题。

(一) 准确计算并下原料订单

要准确地下原料订单,首先必须准确计算出什么时候下原料订单、下多少原料订单。采购总监根据生产总监提供的材料需求计划,考虑材料订货提前期确定订货时间。

(二）准确计算材料采购费用

采购总监根据采购的材料数量确定每个季度需要的材料采购费用，并将该采购费用数据提供给财务总监，财务总监据以编制现金预算，及时安排资金。

（三）准确、及时购买订购的材料

采购总监应根据原料订单准确、及时订购材料，防止出现采购不及时，或者采购错误而给企业带来损失。这是最基本的生产采购排程，通过精确排程计算，要做到下每一个原材料订单时，明白这个原材料是什么时候做什么产品需要的，这样才可以实现"零库存"的目标。

单元小结

本单元介绍了"用友新道杯"ERP沙盘竞赛历年举办的情况，剖析了几个经典案例，分享了沙盘运营流程中所涉及的一些技巧与战术。本单元旨在与学习者、受训者一起分享ERP沙盘模拟企业经营过程中各部门策略规划的经验，使其在实战中快速成长，真正地体会到沙盘的魅力所在，深刻地领会沙盘方案制定的奥妙之处。

第六单元

用友 ERP 企业模拟经营沙盘实训记录表

> 这是企业管理者经营理念的"实验田",也是管理者变革模式的"检验场",即便失败,也不会给企业和个人带来任何伤害。
>
> 这是一场商业实战,"六年"的辛苦经营将把每个团队的经营潜力发挥得淋漓尽致,在这里可以看到激烈的市场竞争、部门间的密切协作、新掌握的经营理念和团队的高度团结。
>
> 在模拟训练过程中,胜利者自会有诸多经验与感叹,而失败者则更会在遗憾中体悟和总结。人生能有几回搏,请你把它记录下来吧,这将是你人生中值得回味的一段记忆。

学　　号：_____

班　　级：_____

姓　　名：_____

担任角色：_____

指导教师：_____

实训目的：通过亲自参与实战演练，在"实践"中灵活运用会计、财务等知识，学习企业的经营与管理，从"成功"和"失败"中积累经验，不冒任何风险，轻松学习，提升实际分析问题与解决问题的综合能力。

实训时间：_____

实训地点：_____

教师评语：_____

_____

_____

_____

_____

_____

_____

_____

_____

实训成绩：_____

教师签名：_____

日　　期：_____年_____月_____日

项目一　　用友ERP手工沙盘实训

手工沙盘实训使用手册

实际模拟训练

每组中必须指定一人负责任务清单的核查。

（请打钩）

每年年初：
- ☐ 准备好新的一年
- ☐ 准备好与客户见面登记销售订单
- ☐ 支付应付税费（根据上年度结果）

每个季度：
- ☐ 季初现金盘点
- ☐ 更新短期贷款/还本付息/申请短期贷款
- ☐ 更新应付款/归还应付款
- ☐ 原材料入库/更新原料订单
- ☐ 下原料订单
- ☐ 更新生产/完工入库
- ☐ 投资新生产线/变卖生产线/生产线转产
- ☐ 开始下一批生产
- ☐ 更新应收账款/应收账款收现
- ☐ 按订单交货
- ☐ 产品研发投资
- ☐ 支付行政管理费用

每年年末：
- ☐ 更新长期贷款/支付利息/申请长期贷款
- ☐ 支付设备维护费
- ☐ 支付租金（或购买厂房）
- ☐ 计提折旧
- ☐ 新市场开拓投资/ISO资格认证投资
- ☐ 关账

第0年(教学年)现金收支明细表

项目	时间季			
	1	2	3	4
新年度规划会议/制订新年度计划				
支付广告费/市场营销				
支付上年应付税费				
季初现金盘点(请填余额)				
短期贷款及利息				
原料采购支付现金				
向其他企业购买/出售原材料				
向其他企业购买/出售成品				
变更费用(转产费用)				
生产线投资				
变卖生产线				
工人工资				
应收账款到期/应收账款贴现金额				
贴现费用				
产品研发投资				
支付行政管理费用				
更新(申请)长期贷款及支付利息				
支付生产线维护费				
支付厂房租金/购买新厂房				
计提生产线折旧				
市场开拓投资				
ISO认证投资				
其他现金收支情况登记				
现金收入总计				
现金支出总计				
净现金流量(NCF)				
期末现金对账(请填余额)				

第0年(教学年)订单

项目	订单号								合计
市场	☐	☐	☐	☐	☐	☐	☐	☐	
产品	☐	☐	☐	☐	☐	☐	☐	☐	
数量									
账期	☐	☐	☐	☐	☐	☐	☐	☐	
销售额									
成本									
毛利									

任务清单

- ☐ 准备好新的一年新年度会议/制订新计划
- ☐ 准备好与客户见面/登记销售订单
- ☐ 支付应付税(根据上年度结果)
- ☐ 季初现金盘点
- ☐ 更新短期贷款/还本付息/申请短期贷款
- ☐ 更新应付款/归还应付款
- ☐ 原材料入库/更新原料订单
- ☐ 下原料订单
- ☐ 更新生产/完工入库
- ☐ 投资新生产线/变卖生产线/生产线转产
- ☐ 开始下一批生产
- ☐ 更新应收账款/应收账款收现
- ☐ 按订单交货
- ☐ 产品研发投资
- ☐ 支付行政管理费用
- ☐ 更新长期贷款/支付利息/申请长期贷款
- ☐ 支付设备维护费
- ☐ 支付厂房租金(或购买厂房)
- ☐ 计提折旧
- ☐ 新市场开拓投资/ISO资格认证投资
- ☐ 关账

第0年的财务报表

综合管理费用明细表

单位：百万元

项目	行政管理	市场营销	设备维护	厂房租金	变更费用	市场开拓	ISO认证	产品研发	其他	合计
金额						□区域 □国内 □亚洲 □国际	□ISO9000 □ISO14000	P2( ) P3( ) P4( )		

利润表

单位：百万元

	起始年	第0年
销售收入	+35	
直接成本	-12	
毛利	=23	
综合费用	-11	
折旧前利润	=12	
折旧	-4	
支付利息前利润	=8	
财务收入/支出	-4	
额外收入/支出	+/-0	
税前利润	=4	
所得税	-1	
净利润	=3	

资产负债表

单位：百万元

	起始年	第0年
资产		
流动资产：		
库存现金	+20	
应收账款	+15	
在产品	+8	
产成品	+6	
原材料	+3	
总流动资产	=52	
固定资产：		
土地和建筑	+40	
机器与设备	+13	
在建工程	+0	
总固定资产	=53	
总资产	=105	
负债加权益		
负债：		
长期负债	+40	
短期负债	+0	
应付账款	+1	
应交税费	+0	
一年内到期的长期负债		
总负债	=41	
权益：		
股东资本	+50	
利润留存	+11	
年度净利	+3	
所有者权益	=64	
负债加权益	=105	

现金预算表

项目	时间/季			
	1	2	3	4
期初库存现金				
支付上年应交税费				
市场营销投入(广告费)				
折现费用(应收账款贴现费用)				
利息(短期贷款)				
支付到期短期贷款				
原料采购支付现金				
变更费用(转产费用)				
生产线投资				
工人工资				
产品研发投资				
收到现金前的所有支出				
应收账款到期				
支付管理费用				
利息(长期贷款)				
支付到期长期贷款				
设备维护费用				
租金				
购买新建筑				
市场开拓投资				
ISO认证投资				
其他				
库存现金余额				

实验年开始了：实验年第1年

要点记录

第一季度：
_____
_____
_____

第二季度：
_____
_____
_____

第三季度：
_____
_____
_____

第四季度：
_____
_____
_____

年底小结：
_____
_____
_____

第1年(实验年)订单

项目	订单号			合计
市场				
产品				
数量				
账期				
销售额				
成本				
毛利				

任务清单

☐ 准备好新的一年(新年度会议/制订新计划)
☐ 准备好与客户见面/登记销售结果
☐ 支付应付税(根据上年度结果)
☐ 季初现金盘点
☐ 更新短期贷款还本付息/申请短期贷款
☐ 更新应付款/归还应付款
☐ 原材料入库/更新原材料订单
☐ 下原料订单
☐ 更新生产完工入库
☐ 投资新生产线/变卖生产线/生产线转产
☐ 开始下一批生产
☐ 更新应收账款/应收账款收现
☐ 按订单交货
☐ 产品研发投资
☐ 支付行政管理费用
☐ 更新长期贷款/支付利息/申请长期贷款
☐ 支付生产线维护费
☐ 支付租金(或购买厂房)
☐ 计提折旧
☐ 新市场开拓投资/ISO资格认证投资
☐ 关账

实验年第1年现金收支明细表

项目	时间/季			
	1	2	3	4
新年度规划会议/制订新年度计划				
支付广告费(市场营销)				
支付上年应付税费				
季初现金盘点(请填余额)				
短期贷款及利息				
原料采购支付现金				
向其他企业购买/出售原材料				
向其他企业购买/出售成品				
变更费用(转产费用)				
生产线投资				
变卖生产线				
工人工资				
应收账款到期应收账款贴现金额				
贴现费用				
产品研发投资				
支付行政管理费用				
更新(申请)长期贷款及支付利息				
支付生产线维护费				
支付厂房租金购买新厂房				
计提生产线折旧				
市场开拓投资				
ISO认证投资				
其他现金收支情况登记				
现金收入总计				
现金支出总计				
净现金流量(NCF)				
期末现金对账(请填余额)				

实验年第1年的财务报表

综合管理费用明细表

单位：百万元

项目	行政管理	市场营销	设备维护	厂房租金	变更费用	市场开拓	ISO认证	产品研发	其他	合计
金额						□区域 □国内 □亚洲 □国际	□ISO9000 □ISO14000	P2( ) P3( ) P4( )		

利润表

单位：百万元

	第0年	第1年
销售收入		
直接成本	−	
毛利	=	
综合费用	−	
折旧前利润	=	
折旧	−	
支付利息前利润	=	
财务收入/支出	−	
额外收入/支出	+/−	
税前利润	=	
所得税	−	
净利润	=	

资产负债表

单位：百万元

	第0年	第1年
资产		
流动资产：		
库存现金		
应收账款	+	
在产品	+	
产成品	+	
原材料	+	
总流动资产	=	
固定资产：		
土地和建筑		
机器与设备	+	
在建工程	+	
总固定资产	=	
总资产	=	
负债加权益		
负债：		
长期负债		
短期负债	+	
应付账款	+	
应交税费	+	
一年内到期的长期负债	+	
总负债	=	
权益：		
股东资本		
利润留存	+	
年度净利	+	
所有者权益	=	
负债加权益	=	

实验年第2年

要点记录

现金预算表

项目	时间/季			
	1	2	3	4
期初库存现金				
支付上年应交税费				
市场营销投入(广告费)				
折现费用(应收账款贴现费用)				
利息(短期贷款)				
支付到期短期贷款				
原料采购支付现金				
变更费用(转产费用)				
生产线投资				
工人工资				
产品研发投资				
收到现金前的所有支出				
应收账款到期				
支付管理费用				
利息(长期贷款)				
支付到期长期贷款				
设备维护费用				
租金				
购买新建筑				
市场开拓投资				
ISO认证投资				
其他				
库存现金余额				

第一季度：

第二季度：

第三季度：

第四季度：

年底小结：

第2年(教学年)订单

项目	订单号					合计
市场						
产品						
数量						
账期						
销售额						
成本						
毛利						

任务清单

- ☐ 准备好新的一年(新年度会议/制订新计划)
- ☐ 准备好与客户见面登记销售订单
- ☐ 支付应付税(根据上年度结果)
- ☐ 季初现金盘点
- ☐ 更新短期贷款还本付息/申请短期贷款
- ☐ 更新应付款入库归还应付款
- ☐ 原材料入库更新原料订单
- ☐ 下原料订单
- ☐ 更新生产完工入库
- ☐ 投资新生产线变卖生产线/生产线生产转产
- ☐ 开始下一批生产
- ☐ 更新应收账款应收账款收现
- ☐ 按订单交货
- ☐ 产品研发投资
- ☐ 支付行政管理费用
- ☐ 更新长期贷款/支付利息/申请长期贷款
- ☐ 支付设备维护费
- ☐ 支付租金(或购买厂房)
- ☐ 计提折旧
- ☐ 新市场开拓投资/ISO资格认证投资
- ☐ 关账

实验年第2年现金收支明细表

项目	时间/季			
	1	2	3	4
新年度规划会议/制订新年度计划				
支付广告费(市场营销)				
支付上年应付税				
季初现金盘点(请填余额)				
短期贷款及利息				
原料采购支出现金				
向其他企业购买出售原材料				
向其他企业购买出售成品				
变费用(转产费用)				
生产线投资				
变卖生产线				
工人工资				
应收账款到期/应收账款贴现金额				
贴现费用				
产品研发投资				
支付行政管理费用				
更新(申请)长期贷款及支付利息				
支付生产线维护费				
支付厂房租金/购买新厂房				
计提生产线折旧				
市场开拓投资				
ISO认证投资				
其他现金收支情况登记				
现金收入总计				
现金支出总计				
净现金流量(NCF)				
期末现金对账(请填余额)				

实验年第2年的财务报表

综合管理费用明细表

单位：百万元

项目	行政管理	市场营销	设备维护	厂房租金	变更费用	市场开拓	ISO认证	产品研发	其他	合计
金额						□区域 □国内 □亚洲 □国际	□ISO9000 □ISO14000	P2(　) P3(　) P4(　)		

利润表

单位：百万元

	第1年	第2年
销售收入	+	
直接成本	-	
毛利	=	
综合费用	-	
折旧前利润	=	
折旧	-	
支付利息前利润	=	
财务收入/支出	-	
额外收入/支出	+/-	
税前利润	=	
所得税	-	
净利润	=	

资产负债表

单位：百万元

	第1年	第2年
资产		
流动资产:		
库存现金	+	
应收账款	+	
在产品	+	
产成品	+	
原材料	+	
总流动资产	=	
固定资产:		
土地和建筑	+	
机器与设备	+	
在建工程	+	
总固定资产	=	
总资产	=	
负债加权益		
负债:		
长期负债	+	
短期负债	+	
应付账款	+	
应交税费	+	
一年内到期的长期负债	+	
总负债	=	
权益:		
股东资本	+	
利润留存	+	
年度净利	+	
所有者权益	=	
负债加权益	=	

实训年开始了：实训年第1年

现金预算表

项目	时间/季			
	1	2	3	4
期初库存现金				
支付上年应交税费				
市场营销投入(广告费)				
折现费用(应收账款贴现费用)				
利息(短期贷款)				
支付到期短期贷款				
原料采购支付现金				
变更费用(转产费用)				
生产线投资				
工人工资				
产品研发投资				
收到现金前的所有支出				
应收账款到期				
支付管理费用				
利息(长期贷款)				
支付到期长期贷款				
设备维护费用				
租金				
购买新建筑				
市场开拓投资				
ISO认证投资				
其他				
库存现金余额				

要点记录

第一季度：_____

第二季度：_____

第三季度：_____

第四季度：_____

年底小结：_____

第1年(实训年)订单

项目	订单号				合计
市场					
产品					
数量					
账期					
销售额					
成本					
毛利					

任务清单

- ☐ 准备好新的一年(新年度会议/制订新计划)
- ☐ 准备好与客户见面/登记销售订单
- ☐ 支付应付税(根据上年度结果)
- ☐ 季初现金盘点
- ☐ 更新短期贷款/还本付息/申请短期贷款
- ☐ 更新应付账款/归还应付款
- ☐ 原材料入库/更新原料订单
- ☐ 下原料订单
- ☐ 更新生产/完工入库
- ☐ 投资新生产线/变卖生产线/生产线转产
- ☐ 开始下一批生产
- ☐ 更新应收账款/应收账款收现
- ☐ 按订单交货
- ☐ 产品研发投资
- ☐ 支付行政管理费用
- ☐ 更新长期贷款/支付利息/申请长期贷款
- ☐ 支付生产线维护费
- ☐ 支付厂房租金(或购买厂房)
- ☐ 计提折旧
- ☐ 新市场开拓投资/ISO资格认证投资
- ☐ 关账

实训年第1年现金收支明细表

项目	时间/季			
	1	2	3	4
新年度规划会议/制订新年度计划				
支付广告费(市场营销)				
支付上年应付税费				
季初现金盘点(请填余额)				
短期贷款及利息				
原料采购支付现金				
向其他企业购买/出售现金				
向其他企业购买/出售原材料				
变更费用(转产费用)				
生产线投资				
变卖生产线				
工人工资				
应收账款到期/应收账款贴现金额				
贴现费用				
产品研发投资				
支付行政管理费用				
更新(申请长期贷款及支付利息)				
支付生产线维护费				
支付厂房租金购买新厂房				
计提生产线折旧				
市场开拓投资				
ISO认证投资				
其他现金收支情况登记				
现金收入总计				
现金支出总计				
净现金流量(NCF)				
期末现金对账(请填余额)				

实训年第1年的财务报表

综合管理费用明细表

单位：百万元

项目	行政管理	市场营销	设备维护	厂房租金	变更费用	市场开拓	ISO认证	产品研发	其他	合计
金额						□区域 □国内 □亚洲 □国际	□ISO9000 □ISO14000	P2(　) P3(　) P4(　)		

利润表

单位：百万元

	第0年	第1年
销售收入		
直接成本	−	−
毛利	=	=
综合费用	−	−
折旧前利润		
折旧	−	−
支付利息前利润	=	=
财务收入/支出	−	−
额外收入/支出	+/−	+/−
税前利润	=	=
所得税	−	−
净利润	=	=

资产负债表

单位：百万元

	第0年	第1年
资产		
流动资产：		
库存现金		
应收账款	+	+
在产品	+	+
产成品	+	+
原材料	+	+
总流动资产	=	=
固定资产：		
土地和建筑		
机器与设备	+	+
在建工程	+	+
总固定资产	=	=
总资产	=	=

	第0年	第1年
负债加权益		
负债：		
长期负债		
短期负债	+	+
应付账款	+	+
应交税费	+	+
一年内到期的长期负债	+	+
总负债	=	=
权益：		
股东资本		
利润留存	+	+
年度净利	+	+
所有者权益	=	=
负债加权益	=	=

实训年第2年

现金预算表

项目	时间/季			
	1	2	3	4
期初库存现金				
支付上年应交税费				
市场营销投入(广告费)				
折现费用(应收账款贴现费用)				
利息(短期贷款)				
支付到期短期贷款				
原料采购支付现金				
变更费用(转产费用)				
生产线投资				
工人工资				
产品研发投资				
收到现金前的所有支出				
应收账款到期				
支付管理费用				
利息(长期贷款)				
支付到期长期贷款				
设备维护费用				
租金				
购买新建筑				
市场开拓投资				
ISO认证投资				
其他				
库存现金余额				

要点记录

第一季度：
_____
_____

第二季度：
_____
_____

第三季度：
_____
_____

第四季度：
_____
_____

年底小结：
_____
_____

实训年第2年现金收支明细表

项目	时间/季				合计
	1	2	3	4	
新年度规划会议/制订新年度计划					
支付广告费(市场营销)					
支付上年应付税费					
季初现金盘点(请填余额)					
短期贷款及支付利息					
原料采购支付现金					
向其他企业购买/出售现金					
向其他企业购买/出售原材料					
向其他企业购买/出售成品					
变更费用(转产费用)					
生产线投资					
变卖生产线					
工人工资					
应收贷款到期/应收账款贴现现金额					
贴现费用					
产品研发投资					
支付行政管理费用					
更新(申请)长期贷款支付利息					
支付生产线长期维护费					
支付厂房租金(或购买新厂房)					
计提生产线折旧					
市场开拓投资					
ISO认证投资					
其他现金收支情况登记					
现金收入总计					
现金支出总计					
净现金流量(NCF)					
期末现金对账(请填余额)					

第2年(实训年)订单

项目	订单号				合计
市场					
产品					
数量					
账期					
销售额					
成本					
毛利					

任务清单

- ☐ 准备好新的一年(新年度会议/制订新计划)
- ☐ 准备好与客户见面/登记销售订单
- ☐ 支付应付税(根据上年度结果)
- ☐ 季初现金盘点
- ☐ 更新短期贷款还本付息/申请短期贷款
- ☐ 更新应付贷款归还应付款
- ☐ 原材料入库/更新原料订单
- ☐ 下原料订单
- ☐ 更新生产完工入库
- ☐ 投资新生产线/变卖生产线/生产线转产
- ☐ 开始下一批生产
- ☐ 更新应收账款应收款收现
- ☐ 按订单交货
- ☐ 产品研发投资
- ☐ 支付行政管理费用
- ☐ 更新长期贷款支付利息/申请长期贷款
- ☐ 支付设备维护费
- ☐ 支付租金(或购买厂房)
- ☐ 计提折旧
- ☐ 新市场开拓投资/ISO资格认证投资
- ☐ 关账

实训年第2年的财务报表

综合管理费用明细表

单位：百万元

项目	行政管理	市场营销	设备维护	厂房租金	变更费用	市场开拓	ISO认证	产品研发	其他	合计
金额						□区域 □国内 □亚洲 □国际	□ISO9000 □ISO14000	P2（　） P3（　） P4（　）		

利润表

单位：百万元

	第1年	第2年
销售收入	+	+
直接成本	−	−
毛利	=	=
综合费用	−	−
折旧前利润	=	=
折旧	−	−
支付利息前利润	=	=
财务收入支出	−	−
额外收入支出	+/−	+/−
税前利润	=	=
所得税	−	−
净利润	=	=

资产负债表

单位：百万元

	第1年	第2年
资产		
流动资产：		
库存现金	+	+
应收账款	+	+
在产品	+	+
产成品	+	+
原材料	+	+
总流动资产	=	=
固定资产：		
土地和建筑	+	+
机器与设备	+	+
在建工程	+	+
总固定资产	=	=
总资产	=	=
负债加权益		
负债：		
长期负债	+	+
短期负债	+	+
应付账款	+	+
应交税费	+	+
一年内到期的长期负债	+	+
总负债	=	=
权益：		
股东资本	+	+
利润留存	+	+
年度净利	+	+
所有者权益	=	=
负债加权益	=	=

实训年第3年

现金预算表

项目	时间/季			
	1	2	3	4
期初库存现金				
支付上年应交税费				
市场营销投入(广告费)				
折现费用(应收账款贴现费用)				
利息(短期贷款)				
支付到期短期贷款				
原料采购支付现金				
变更费用(转产费用)				
生产线投资				
工人工资				
产品研发投资				
收到现金前的所有支出				
应收账款到期				
支付管理费用				
利息(长期贷款)				
支付到期长期贷款				
设备维护费用				
租金				
购买新建筑				
市场开拓投资				
ISO认证投资				
其他				
库存现金余额				

要点记录

第一季度：_____

第二季度：_____

第三季度：_____

第四季度：_____

年底小结：_____

实训年第3年现金收支明细表

项目	时间/季				合计
	1	2	3	4	
新年度规划会议/制订新年度计划					
支付广告费(市场营销)					
支付上年应付税费					
季初现金盘点(请填余额)					
短期贷款及利息					
原料采购支付现金					
向其他企业购买/出售原材料					
变更费用(转产费用)					
生产线投资					
变卖生产线					
工人工资					
应收账款到期/应收账款贴现金额					
贴现费用					
产品研发投资					
支付行政管理费用					
更新(申请)生产长期贷款及支付利息					
支付生产线维护费					
支付厂房租金/购买新厂房					
计提生产线折旧					
市场开拓投资					
ISO认证投资					
其他现金收支情况登记					
现金收入总计					
现金支出总计					
净现金流量(NCF)					
期末现金对账(请填余额)					

第3年(实训年)订单

项目	订单号			合计
市场				
产品				
数量				
账期				
销售额				
成本				
毛利				

任务清单

- ☐ 准备好新的一年(新年度会议/制订新计划)
- ☐ 准备好与客户见面/登记销售订单
- ☐ 支付应付税(根据上年度结果)
- ☐ 季初现金盘点
- ☐ 更新短期贷款/还本付息/申请短期贷款
- ☐ 更新应付账款/归还应付款
- ☐ 原材料入库/更新原料订单
- ☐ 下原料订单
- ☐ 更新生产/完工入库
- ☐ 投资新生产线/变卖生产线/生产线转产
- ☐ 开始下一批生产
- ☐ 更新应收账款/应收账款收现
- ☐ 按订单交货
- ☐ 产品研发投资
- ☐ 支付行政管理费用
- ☐ 更新长期贷款/支付利息/申请长期贷款
- ☐ 支付设备维护费
- ☐ 支付厂房租金(或购买厂房)
- ☐ 计提折旧
- ☐ 新市场开拓投资/ISO资格认证投资
- ☐ 关账

实训年第3年的财务报表

综合管理费用明细表

单位：百万元

项目	行政管理	市场营销	设备维护	厂房租金	变更费用	市场开拓	ISO认证	产品研发	其他	合计
金额						□区域 □国内 □亚洲 □国际	□ISO9000 □ISO14000	P2( ) P3( ) P4( )		

利润表

单位：百万元

	第2年	第3年
销售收入		
直接成本	−	
毛利	=	
综合费用	−	
折旧前利润	=	
折旧	−	
支付利息前利润	=	
财务收入支出	+/−	
额外收入支出	=	
税前利润	=	
所得税	−	
净利润	=	

资产负债表

单位：百万元

	第2年	第3年
资产		
流动资产：		
库存现金	+	
应收账款	+	
在产品	+	
产成品	+	
原材料	=	
总流动资产		
固定资产：		
土地和建筑	+	
机器与设备	+	
在建工程	=	
总固定资产		
总资产	=	
负债加权益		
负债：		
长期负债	+	
短期负债	+	
应付账款	+	
应交税费	+	
一年内到期的长期负债	=	
总负债		
权益：		
股东资本	+	
利润留存	+	
年度净利	=	
所有者权益		
负债加权益	=	

实训年第4年

要点记录

现金预算表

项目	时间/季			
	1	2	3	4
期初库存现金				
支付上年应交税费				
市场营销投入(广告费)				
折现费用(应收账款贴现费用)				
利息(短期贷款)				
支付到期短期贷款				
原料采购支付现金				
变更费用(转产费用)				
生产线投资				
工人工资				
产品研发投资				
收到现金前的所有支出				
应收账款到期				
支付管理费用				
利息(长期贷款)				
支付到期长期贷款				
设备维护费用				
租金				
购买新建筑				
市场开拓投资				
ISO认证投资				
其他				
库存现金余额				

第一季度：

第二季度：

第三季度：

第四季度：

年底小结：

实训年第4年现金收支明细表

项目	时间/季			
	1	2	3	4
新年度规划会议制订新年度计划				
支付广告费(市场营销)				
支付上年应付税费				
季初现金盘点(请填余额)				
短期贷款及利息				
原料采购支付现金				
向其他企业购买/出售原材料				
向其他企业购买/出售成品				
变更费用(转产费用)				
生产线投资				
变卖生产线				
工人工资				
应收账款到期/应收账款贴现金额				
贴现费用				
产品研发投资				
支付行政管理费用				
更新(申请)长期贷款及支付利息				
支付生产线维护费				
支付厂房租金/购买新厂房				
计提生产线折旧				
市场开拓投资				
ISO认证投资				
其他现金收支情况登记				
现金收入总计				
现金支出总计				
净现金流量(NCF)				
期末现金对账(请填余额)				

第4年(实训年)订单

项目	订单号				合计
市场					
产品					
数量					
账期					
销售额					
成本					
毛利					

任务清单

- ☐ 准备好新的一年(新年度会议/制订新计划)
- ☐ 准备好与客户见面登记销售订单
- ☐ 支付应付税(根据上年度结果)
- ☐ 季初现金盘点
- ☐ 更新短期贷款还本付息/申请短期贷款
- ☐ 更新应付款/归还应付款
- ☐ 原材料入库/更新原料订单
- ☐ 下原料订单
- ☐ 更新生产线完工入库
- ☐ 投资新生产线/变卖生产线/生产线转产
- ☐ 开始下一批生产
- ☐ 更新应收账款/应收账款收现
- ☐ 按订单交货
- ☐ 产品研发投资
- ☐ 支付行政管理费用
- ☐ 更新长期贷款支付利息/申请长期贷款
- ☐ 支付设备维护费
- ☐ 支付厂房租金(或购买厂房)
- ☐ 计提折旧
- ☐ 新市场开拓投资/ISO资格认证投资
- ☐ 关账

实训年第4年的财务报表

综合管理费用明细表

单位：百万元

项目	行政管理	市场营销	设备维护	厂房租金	变更费用	市场开拓	ISO认证	产品研发	其他	合计
金额						□区域 □国内 □亚洲 □国际	□ISO9000 □ISO14000	P2( ) P3( ) P4( )		

利润表

单位：百万元

	第3年	第4年
销售收入	+	
直接成本	−	
毛利	=	
综合费用	−	
折旧前利润	=	
折旧	−	
支付利息前利润	=	
财务收入/支出	+/−	
额外收入/支出	=	
税前利润	=	
所得税	−	
净利润	=	

资产负债表

单位：百万元

	第3年	第4年
资产		
流动资产：		
库存现金	+	
应收账款	+	
在产品	+	
产成品	+	
原材料	+	
总流动资产	=	
固定资产：		
土地和建筑	+	
机器与设备	+	
在建工程	+	
总固定资产	=	
总资产	=	
负债加权益		
负债：		
长期负债	+	
短期负债	+	
应付账款	+	
应交税费	+	
一年内到期的长期负债	+	
总负债	=	
权益：		
股东资本	+	
利润留存	+	
年度净利	+	
所有者权益	=	
负债加权益	=	

实训年第5年

现金预算表

项目	时间/季			
	1	2	3	4
期初库存现金				
支付上年应交税费				
市场营销投入(广告费)				
折现费用(应收账款贴现费用)				
利息(短期贷款)				
支付到期短期贷款				
原料采购支付现金				
变更费用(转产费用)				
生产线投资				
工人工资				
产品研发投资				
收到账款前的所有支出				
应收账款到期				
支付管理费用				
利息(长期贷款)				
支付到期长期贷款				
设备维护费用				
租金				
购买新建筑				
市场开拓投资				
ISO认证投资				
其他				
库存现金余额				

要点记录

第一季度：
_____
_____

第二季度：
_____
_____

第三季度：
_____
_____

第四季度：
_____
_____

年底小结：
_____
_____

第六单元 用友ERP企业模拟经营沙盘实训记录表

第5年(实训年)订单

项目	订单号				合计
市场					
产品					
数量					
账期					
销售额					
成本					
毛利					

任务清单

- ☐ 准备好新的一年(新年度会议/制订新计划)
- ☐ 准备好与客户见面/登记销售订单
- ☐ 支付应付税(根据上年度结果)
- ☐ 季初现金盘点
- ☐ 更新短期贷款/还本付息/申请短期贷款
- ☐ 更新应付账款/归还应付账款
- ☐ 原材料入库/更新原料订单
- ☐ 下原料订单
- ☐ 更新生产/完工入库
- ☐ 投资新生产线/变卖生产线/生产线转产
- ☐ 开始下一批生产
- ☐ 更新应收账款/应收账款收现
- ☐ 按订单交货
- ☐ 产品研发投资
- ☐ 支付行政管理费用
- ☐ 更新长期贷款/支付利息/申请长期贷款
- ☐ 支付设备维护费
- ☐ 支付租金(或购买厂房)
- ☐ 计提折旧
- ☐ 新市场开拓投资/ISO资格认证投资
- ☐ 关账

实训年第5年现金收支明细表

项目	时间/季			
	1	2	3	4
新年度规划会议/制订新年度计划				
支付广告费(市场营销)				
支付上年应付税费				
季初现金盘点(请填余额)				
短期贷款及利息				
原料采购支付现金				
向其他企业购买/出售原材料				
向其他企业购买/出售成品				
变更费用(转产费用)				
生产线投资				
变卖生产线				
工人工资				
应收账款到期应收账款贴现金额				
贴现费用				
产品研发投资				
支付行政管理费用				
更新申请长期贷款及支付利息				
支付生产线维护费				
支付厂房租金购买新厂房				
计提生产线折旧				
市场开拓投资				
ISO认证投资				
其他现金收支情况登记				
现金收入总计				
现金支出总计				
净现金流量(NCF)				
期末现金对账(请填余额)				

实训年第5年的财务报表

综合管理费用明细表

单位:百万元

项目	行政管理	市场营销	设备维护	厂房租金	变更费用	市场开拓	ISO认证	产品研发	其他	合计
金额						□区域 □国内 □亚洲 □国际	□ISO9000 □ISO14000	P2( ) P3( ) P4( )		

利润表

单位:百万元

	第4年	第5年
销售收入		
直接成本	−	
毛利	=	
综合费用	−	
折旧前利润	=	
折旧	−	
支付利息前利润	=	
财务收入支出	−	
额外收入支出	+/−	
税前利润	=	
所得税	−	
净利润	=	

资产负债表

单位:百万元

	第4年	第5年
资产		
流动资产:		
库存现金		
应收账款	+	
在产品	+	
产成品	+	
原材料	+	
总流动资产	=	
固定资产:		
土地和建筑		
机器与设备	+	
在建工程	+	
总固定资产	=	
总资产	=	
负债加权益		
负债:		
长期负债		
短期负债	+	
应付账款	+	
应交税费	+	
一年内到期的长期负债	+	
总负债	=	
权益:		
股东资本		
利润留存	+	
年度净利	+	
所有者权益	=	
负债加权益	=	

现金预算表

项目	时间/季			
	1	2	3	4
期初库存现金				
支付上年应交税费				
市场营销投入(广告费)				
折现费用(应收账款贴现费用)				
利息(短期贷款)				
支付到期短期贷款				
原料采购支付现金				
变更费用(转产费用)				
生产线投资				
工人工资				
产品研发投资				
收到现金前的所有支出				
应收账款到期				
支付管理费用				
利息(长期贷款)				
支付到期长期贷款				
设备维护费用				
租金				
购买新建筑				
市场开拓投资				
ISO认证投资				
其他				
库存现金余额				

实训年第6年

要点记录

第一季度：_____

第二季度：_____

第三季度：_____

第四季度：_____

年底小结：_____

实训年第6年现金收支明细表

项目	时间/季				合计
	1	2	3	4	
新年度规划会议/制订新年度计划					
支付广告费(市场营销)					
支付上年应付税费					
季初现金盘点请填余额					
短期贷款及利息					
原料采购支付现金					
向其他企业购买/出售原材料					
向其他企业购买/出售成品					
变更费用(转产费用)					
生产线投资					
变卖生产线					
工人工资					
应收账款到期/应收账款贴现金额					
贴现费用					
产品研发投资					
支付行政管理费用					
更新申请长期贷款及支付利息					
支付生产线维护费					
支付厂房租金/购买新厂房					
计提生产线折旧					
市场开拓投资					
ISO认证投资					
其他现金收支情况登记					
现金收入总计					
现金支出总计					
净现金流量(NCF)					
期末现金对账(请填余额)					

第6年(实训年)订单

项目	订单号					合计
市场						
产品						
数量						
账期						
销售额						
成本						
毛利						

任务清单

- ☐ 准备好新的一年新年度会议/制订新计划
- ☐ 准备好与客户见面/登记销售订单
- ☐ 支付应付税(根据上年度结果)
- ☐ 季初现金盘点
- ☐ 更新短期贷款/还本付息/申请短期贷款
- ☐ 更新应付款/归还应付款
- ☐ 原材料入库/更新原料订单
- ☐ 下原料订单
- ☐ 更新生产/完工入库
- ☐ 投资新生产线/变卖生产线/生产线转产
- ☐ 开始下一批生产
- ☐ 更新应收账款应收账款收现
- ☐ 按订单交货
- ☐ 产品研发投资
- ☐ 支付行政管理费用
- ☐ 更新长期贷款/支付利息/申请长期贷款
- ☐ 支付设备维护费
- ☐ 支付租金(或购买厂房)
- ☐ 计提折旧
- ☐ 新市场开拓投资/ISO资格认证投资
- ☐ 关账

第六单元 用友ERP企业模拟经营沙盘实训记录表

实训年第6年的财务报表

综合管理费用明细表

单位：百万元

项目	行政管理	市场营销	设备维护	厂房租金	变更费用	市场开拓	ISO认证	产品研发	其他	合计
金额						□区域 □国内 □亚洲 □国际	□ISO9000 □ISO14000	P2（ ） P3（ ） P4（ ）		

利润表

单位：百万元

	第5年	第6年
销售收入		
直接成本	−	−
毛利	=	=
综合费用	−	−
折旧前利润	=	=
折旧	−	−
支付利息前利润	=	=
财务收入支出	+/−	+/−
额外收入支出	=	=
税前利润		
所得税	−	−
净利润	=	=

资产负债表

单位：百万元

	第5年	第6年
资产		
流动资产：		
库存现金		
应收账款	+	+
在产品	+	+
产成品	+	+
原材料	+	+
总流动资产	=	=
固定资产：		
土地和建筑		
机器与设备	+	+
在建工程	+	+
总固定资产	=	=
总资产	=	=
负债加权益		
负债：		
长期负债		
短期负债	+	+
应付账款	+	+
应交税费	+	+
一年内到期的长期负债	+	+
总负债	=	=
权益：		
股东资本		
利润留存	+	+
年度净利	+	+
所有者权益	=	=
负债加权益	=	=

项目二　用友ERP商战沙盘实训

商战沙盘实训使用手册

实验年第1年　　　　　　　现金预算表

项目	时间/季			
	1	2	3	4
期初库存现金				
应收款贴现收入				
市场营销投入				
支付上年应交税				
长贷本息收支				
支付到期长期贷款				
短贷本息收支				
支付到期短期贷款				
原料采购支付现金				
厂房租买开支				
生产线(投资、转、卖、租)				
工人工资(下一批生产)				
应收账款到期				
产品研发投资				
厂房处置(出售、买转租、租转买、退租)				
支付管理费用及厂房续租				
设备维护费用				
市场开拓投资				
ISO认证投资				
违约罚款				
厂房贴现				
其他				
库存现金余额				

要点记录

第一季度：

第二季度：

第三季度：

第四季度：

年底小结：

现金收支表

项目	时间/季			
	1	2	3	4
年初现金盘点				
广告费				
支付长贷利息及税金				
申请长期贷款				
季初现金盘点(请填余额)				
更新短期贷款/还本付息,更新生产/完工入库				
申请短期贷款				
更新原料库(购买到期的原料,更新在途原料)				
订购原料				
购租厂房(选择厂房类型,选择购买或租赁)				
新建生产线(选择生产线类型及生产产品种类)				
在建生产线(生产线第二、三、四期的投资)				
生产线转产(选择转产产品种类)				
出售生产线				
开始下一批生产(闲置的生产线开始新一轮生产)				
更新应收款(输入从应收款一期更新到现金库的金额)				
按订单交货				
厂房处理				
产品研发投资				
支付行政管理费				
新市场开拓				
ISO资格认证投资				
支付设备维护费				
计提折旧				( )
违约扣款				
紧急采购(随时进行)				
出售库存(随时进行)				
应收款贴现(随时进行)				
贴息(随时进行)				
其他现金收支情况登记(根据需要填写)				
期末现金对账(请填余额)				

订单登记表

项目	订单号					合计
市场						
产品						
数量						
交货期						
应收账款账期						
销售额						
成本						
毛利						

产品核算统计表

项目	P1	P2	P3	P4	P5	合计
数量						
销售额						
成本						
毛利						

综合管理费用明细表

项目	金额/万元	备注
管理费		
广告费		
设备维护费		
租金		
转产费		
市场准入开拓		□本地　□区域　□国内　□亚洲　□国际
ISO认证资格		□ISO9000　　□ISO14000
产品研发费		P1(　) P2(　) P3(　) P4(　) P5(　)
损失		
合计		

利　润　表

单位：万元

项目	本年数
销售收入	
直接成本	
毛利	
综合费用	
折旧前利润	
折旧	
支付利息前利润	
财务费用(利息+贴息)	
税前利润	
所得税	
净利润	

资产负债表

资产	金额/万元	负债和所有者权益	金额/万元
流动资产：		负债：	
库存现金		长期负债	
应收账款		短期负债	
在产品		应交税费	
产成品			
原材料			
流动资产合计		负债合计	
固定资产：		所有者权益：	
土地和建筑		股东资本	
机器与设备		利润留存	
在建工程		年度净利	
固定资产合计		所有者权益合计	
资产总计		负债和所有者权益总计	

注：(1) 库存折价拍卖、生产线变卖、紧急采购、订单违约计入损失；
　　(2) 每年经营结束，请将此表交到裁判处核对。

实验年第2年 　　　　　　　　　　**现金预算表**

项目	时间/季			
	1	2	3	4
期初库存现金				
应收款贴现收入				
市场营销投入				
支付上年应交税				
长贷本息收支				
支付到期长期贷款				
短贷本息收支				
支付到期短期贷款				
原料采购支付现金				
厂房租买开支				
生产线(投资、转、卖、租)				
工人工资(下一批生产)				
应收账款到期				
产品研发投资				
厂房处置(出售、买转租、租转买、退租)				
支付管理费用及厂房续租				
设备维护费用				
市场开拓投资				
ISO认证投资				
违约罚款				
厂房贴现				
其他				
库存现金余额				

要点记录

第一季度：

第二季度：

第三季度：

第四季度：

年底小结：

现金收支表

项目	时间/季			
	1	2	3	4
年初现金盘点				
广告费				
支付长贷利息及税金				
申请长期贷款				
季初现金盘点(请填余额)				
更新短期贷款/还本付息，更新生产/完工入库				
申请短期贷款				
更新原料库(购买到期的原料，更新在途原料)				
订购原料				
购租厂房(选择厂房类型，选择购买或租赁)				
新建生产线(选择生产线类型及生产产品种类)				
在建生产线(生产线第二、三、四期的投资)				
生产线转产(选择转产产品种类)				
出售生产线				
开始下一批生产(闲置的生产线开始新一轮生产)				
更新应收款(输入从应收款一期更新到现金库的金额)				
按订单交货				
厂房处理				
产品研发投资				
支付行政管理费				
新市场开拓				
ISO资格认证投资				
支付设备维护费				
计提折旧				( )
违约扣款				
紧急采购(随时进行)				
出售库存(随时进行)				
应收款贴现(随时进行)				
贴息(随时进行)				
其他现金收支情况登记(根据需要填写)				
期末现金对账(请填余额)				

订单登记表

项目	订单号								合计
市场									
产品									
数量									
交货期									
应收账款账期									
销售额									
成本									
毛利									

产品核算统计表

项目	P1	P2	P3	P4	P5	合计
数量						
销售额						
成本						
毛利						

综合管理费用明细表

项目	金额/万元	备注
管理费		
广告费		
设备维护费		
租金		
转产费		
市场准入开拓		□本地　□区域　□国内　□亚洲　□国际
ISO认证资格		□ISO9000　　□ISO14000
产品研发费		P1(　)　P2(　)　P3(　)　P4(　)　P5(　)
损失		
合计		

利 润 表

单位：万元

项目	本年数
销售收入	
直接成本	
毛利	
综合费用	
折旧前利润	
折旧	
支付利息前利润	
财务费用(利息+贴息)	
税前利润	
所得税	
净利润	

资产负债表

资产	金额/万元	负债和所有者权益	金额/万元
流动资产：		负债：	
库存现金		长期负债	
应收账款		短期负债	
在产品		应交税费	
产成品			
原材料			
流动资产合计		负债合计	
固定资产：		所有者权益：	
土地和建筑		股东资本	
机器与设备		利润留存	
在建工程		年度净利	
固定资产合计		所有者权益合计	
资产总计		负债和所有者权益总计	

实训年第1年   现金预算表

项目	时间/季			
	1	2	3	4
期初库存现金				
应收款贴现收入				
市场营销投入				
支付上年应交税				
长贷本息收支				
支付到期长期贷款				
短贷本息收支				
支付到期短期贷款				
原料采购支付现金				
厂房租买开支				
生产线(投资、转、卖、租)				
工人工资(下一批生产)				
应收账款到期				
产品研发投资				
厂房处置(出售、买转租、租转买、退租)				
支付管理费用及厂房续租				
设备维护费用				
市场开拓投资				
ISO认证投资				
违约罚款				
厂房贴现				
其他				
库存现金余额				

要点记录

第一季度：

第二季度：

第三季度：

第四季度：

年底小结：

现金收支表

项目	时间/季			
	1	2	3	4
年初现金盘点				
广告费				
支付长贷利息及税金				
申请长期贷款				
季初现金盘点(请填余额)				
更新短期贷款/还本付息,更新生产/完工入库				
申请短期贷款				
更新原料库(购买到期的原料,更新在途原料)				
订购原料				
购租厂房(选择厂房类型,选择购买或租赁)				
新建生产线(选择生产线类型及生产产品种类)				
在建生产线(生产线第二、三、四期的投资)				
生产线转产(选择转产产品种类)				
出售生产线				
开始下一批生产(闲置的生产线开始新一轮生产)				
更新应收款(输入从应收款一期更新到现金库的金额)				
按订单交货				
厂房处理				
产品研发投资				
支付行政管理费				
新市场开拓				
ISO资格认证投资				
支付设备维护费				
计提折旧				( )
违约扣款				
紧急采购(随时进行)				
出售库存(随时进行)				
应收款贴现(随时进行)				
贴息(随时进行)				
其他现金收支情况登记(根据需要填写)				
期末现金对账(请填余额)				

订单登记表

项目	订单号						合计
市场							
产品							
数量							
交货期							
应收账款账期							
销售额							
成本							
毛利							

产品核算统计表

项目	P1	P2	P3	P4	P5	合计
数量						
销售额						
成本						
毛利						

综合管理费用明细表

项目	金额/万元	备注
管理费		
广告费		
设备维护费		
租金		
转产费		
市场准入开拓		□本地　□区域　□国内　□亚洲　□国际
ISO认证资格		□ISO9000　　□ISO14000
产品研发费		P1(　) P2(　) P3(　) P4(　) P5(　)
损失		
合计		

利 润 表

单位：万元

项目	本年数
销售收入	
直接成本	
毛利	
综合费用	
折旧前利润	
折旧	
支付利息前利润	
财务费用(利息+贴息)	
税前利润	
所得税	
净利润	

资产负债表

资产	金额/万元	负债和所有者权益	金额/万元
流动资产：		负债：	
库存现金		长期负债	
应收账款		短期负债	
在产品		应交税费	
产成品			
原材料			
流动资产合计		负债合计	
固定资产：		所有者权益：	
土地和建筑		股东资本	
机器与设备		利润留存	
在建工程		年度净利	
固定资产合计		所有者权益合计	
资产总计		负债和所有者权益总计	

实训年第2年　　　　　　　　　　　**现金预算表**

项目	时间/季			
	1	2	3	4
期初库存现金				
应收款贴现收入				
市场营销投入				
支付上年应交税				
长贷本息收支				
支付到期长期贷款				
短贷本息收支				
支付到期短期贷款				
原料采购支付现金				
厂房租买开支				
生产线(投资、转、卖、租)				
工人工资(下一批生产)				
应收账款到期				
产品研发投资				
厂房处置(出售、买转租、租转买、退租)				
支付管理费用及厂房续租				
设备维护费用				
市场开拓投资				
ISO认证投资				
违约罚款				
厂房贴现				
其他				
库存现金余额				

要点记录

第一季度：

第二季度：

第三季度：

第四季度：

年底小结：

现金收支表

项目	时间/季			
	1	2	3	4
年初现金盘点				
广告费				
支付长贷利息及税金				
申请长期贷款				
季初现金盘点(请填余额)				
更新短期贷款/还本付息，更新生产/完工入库				
申请短期贷款				
更新原料库(购买到期的原料，更新在途原料)				
订购原料				
购租厂房(选择厂房类型，选择购买或租赁)				
新建生产线(选择生产线类型及生产产品种类)				
在建生产线(生产线第二、三、四期的投资)				
生产线转产(选择转产产品种类)				
出售生产线				
开始下一批生产(闲置的生产线开始新一轮生产)				
更新应收款(输入从应收款一期更新到现金库的金额)				
按订单交货				
厂房处理				
产品研发投资				
支付行政管理费				
新市场开拓				
ISO资格认证投资				
支付设备维护费				
计提折旧				( )
违约扣款				
紧急采购(随时进行)				
出售库存(随时进行)				
应收款贴现(随时进行)				
贴息(随时进行)				
其他现金收支情况登记(根据需要填写)				
期末现金对账(请填余额)				

订单登记表

项目	订单号						合计
市场							
产品							
数量							
交货期							
应收款账期							
销售额							
成本							
毛利							

产品核算统计表

项目	P1	P2	P3	P4	P5	合计
数量						
销售额						
成本						
毛利						

综合管理费用明细表

项目	金额/万元	备注
管理费		
广告费		
设备维护费		
租金		
转产费		
市场准入开拓		□本地　□区域　□国内　□亚洲　□国际
ISO认证资格		□ISO9000　□ISO14000
产品研发费		P1(　) P2(　) P3(　) P4(　) P5(　)
损失		
合计		

利 润 表

单位：万元

项目	本年数
销售收入	
直接成本	
毛利	
综合费用	
折旧前利润	
折旧	
支付利息前利润	
财务费用(利息+贴息)	
税前利润	
所得税	
净利润	

资产负债表

资产	金额/万元	负债和所有者权益	金额/万元
流动资产：		负债：	
库存现金		长期负债	
应收账款		短期负债	
在产品		应交税费	
产成品			
原材料			
流动资产合计		负债合计	
固定资产：		所有者权益：	
土地和建筑		股东资本	
机器与设备		利润留存	
在建工程		年度净利	
固定资产合计		所有者权益合计	
资产总计		负债和所有者权益总计	

实训年第3年　　　　　　　　　　现金预算表

项目	时间/季			
	1	2	3	4
期初库存现金				
应收款贴现收入				
市场营销投入				
支付上年应交税				
长贷本息收支				
支付到期长期贷款				
短贷本息收支				
支付到期短期贷款				
原料采购支付现金				
厂房租买开支				
生产线(投资、转、卖、租)				
工人工资(下一批生产)				
应收账款到期				
产品研发投资				
厂房处置(出售、买转租、租转买、退租)				
支付管理费用及厂房续租				
设备维护费用				
市场开拓投资				
ISO认证投资				
违约罚款				
厂房贴现				
其他				
库存现金余额				

要点记录

第一季度：
___

第二季度：
___

第三季度：
___

第四季度：
___

年底小结：
___

现金收支表

项目	时间/季			
	1	2	3	4
年初现金盘点				
广告费				
支付长贷利息及税金				
申请长期贷款				
季初现金盘点(请填余额)				
更新短期贷款/还本付息，更新生产/完工入库				
申请短期贷款				
更新原料库(购买到期的原料，更新在途原料)				
订购原料				
购租厂房(选择厂房类型，选择购买或租赁)				
新建生产线(选择生产线类型及生产产品种类)				
在建生产线(生产线第二、三、四期的投资)				
生产线转产(选择转产产品种类)				
出售生产线				
开始下一批生产(闲置的生产线开始新一轮生产)				
更新应收款(输入从应收款一期更新到现金库的金额)				
按订单交货				
厂房处理				
产品研发投资				
支付行政管理费				
新市场开拓				
ISO资格认证投资				
支付设备维护费				
计提折旧				( )
违约扣款				
紧急采购(随时进行)				
出售库存(随时进行)				
应收款贴现(随时进行)				
贴息(随时进行)				
其他现金收支情况登记(根据需要填写)				
期末现金对账(请填余额)				

订单登记表

项目	订单号				合计
市场					
产品					
数量					
交货期					
应收账款账期					
销售额					
成本					
毛利					

产品核算统计表

项目	P1	P2	P3	P4	P5	合计
数量						
销售额						
成本						
毛利						

综合管理费用明细表

项目	金额/万元	备注
管理费		
广告费		
设备维护费		
租金		
转产费		
市场准入开拓		□本地　□区域　□国内　□亚洲　□国际
ISO认证资格		□ISO9000　□ISO14000
产品研发费		P1(　) P2(　) P3(　) P4(　) P5(　)
损失		
合计		

利 润 表

单位：万元

项目	本年数
销售收入	
直接成本	
毛利	
综合费用	
折旧前利润	
折旧	
支付利息前利润	
财务费用(利息+贴息)	
税前利润	
所得税	
净利润	

资产负债表

资产	金额/万元	负债和所有者权益	金额/万元
流动资产：		负债：	
库存现金		长期负债	
应收账款		短期负债	
在产品		应交税费	
产成品			
原材料			
流动资产合计		负债合计	
固定资产：		所有者权益：	
土地和建筑		股东资本	
机器与设备		利润留存	
在建工程		年度净利	
固定资产合计		所有者权益合计	
资产总计		负债和所有者权益总计	

实训年第4年

现金预算表

项目	时间/季			
	1	2	3	4
期初库存现金				
应收款贴现收入				
市场营销投入				
支付上年应交税				
长贷本息收支				
支付到期长期贷款				
短贷本息收支				
支付到期短期贷款				
原料采购支付现金				
厂房租买开支				
生产线(投资、转、卖、租)				
工人工资(下一批生产)				
应收账款到期				
产品研发投资				
厂房处置(出售、买转租、租转买、退租)				
支付管理费用及厂房续租				
设备维护费用				
市场开拓投资				
ISO认证投资				
违约罚款				
厂房贴现				
其他				
库存现金余额				

要点记录

第一季度：

第二季度：

第三季度：

第四季度：

年底小结：

现金收支表

项目	时间/季			
	1	2	3	4
年初现金盘点				
广告费				
支付长贷利息及税金				
申请长期贷款				
季初现金盘点(请填余额)				
更新短期贷款/还本付息，更新生产/完工入库				
申请短期贷款				
更新原料库(购买到期的原料，更新在途原料)				
订购原料				
购租厂房(选择厂房类型，选择购买或租赁)				
新建生产线(选择生产线类型及生产产品种类)				
在建生产线(生产线第二、三、四期的投资)				
生产线转产(选择转产产品种类)				
出售生产线				
开始下一批生产(闲置的生产线开始新一轮生产)				
更新应收款(输入从应收款一期更新到现金库的金额)				
按订单交货				
厂房处理				
产品研发投资				
支付行政管理费				
新市场开拓				
ISO资格认证投资				
支付设备维护费				
计提折旧				( )
违约扣款				
紧急采购(随时进行)				
出售库存(随时进行)				
应收款贴现(随时进行)				
贴息(随时进行)				
其他现金收支情况登记(根据需要填写)				
期末现金对账(请填余额)				

订单登记表

项目	订单号							合计
市场								
产品								
数量								
交货期								
应收账款账期								
销售额								
成本								
毛利								

产品核算统计表

项目	P1	P2	P3	P4	P5	合计
数量						
销售额						
成本						
毛利						

综合管理费用明细表

项目	金额/万元	备注
管理费		
广告费		
设备维护费		
租金		
转产费		
市场准入开拓		□本地 □区域 □国内 □亚洲 □国际
ISO认证资格		□ISO9000 □ISO14000
产品研发费		P1( ) P2( ) P3( ) P4( ) P5( )
损失		
合计		

利 润 表

单位：万元

项目	本年数
销售收入	
直接成本	
毛利	
综合费用	
折旧前利润	
折旧	
支付利息前利润	
财务费用(利息+贴息)	
税前利润	
所得税	
净利润	

资产负债表

资产	金额/万元	负债和所有者权益	金额/万元
流动资产：		负债：	
库存现金		长期负债	
应收账款		短期负债	
在产品		应交税费	
产成品			
原材料			
流动资产合计		负债合计	
固定资产：		所有者权益：	
土地和建筑		股东资本	
机器与设备		利润留存	
在建工程		年度净利	
固定资产合计		所有者权益合计	
资产总计		负债和所有者权益总计	

实训年第5年　现金预算表

项目	时间/季			
	1	2	3	4
期初库存现金				
应收款贴现收入				
市场营销投入				
支付上年应交税				
长贷本息收支				
支付到期长期贷款				
短贷本息收支				
支付到期短期贷款				
原料采购支付现金				
厂房租买开支				
生产线(投资、转、卖、租)				
工人工资(下一批生产)				
应收账款到期				
产品研发投资				
厂房处置(出售、买转租、租转买、退租)				
支付管理费用及厂房续租				
设备维护费用				
市场开拓投资				
ISO认证投资				
违约罚款				
厂房贴现				
其他				
库存现金余额				

要点记录

第一季度：

___

第二季度：

___

第三季度：

___

第四季度：

___

年底小结：

___

___

现金收支表

项目	时间/季			
	1	2	3	4
年初现金盘点				
广告费				
支付长贷利息及税金				
申请长期贷款				
季初现金盘点(请填余额)				
更新短期贷款/还本付息,更新生产/完工入库				
申请短期贷款				
更新原料库(购买到期的原料,更新在途原料)				
订购原料				
购租厂房(选择厂房类型,选择购买或租赁)				
新建生产线(选择生产线类型及生产产品种类)				
在建生产线(生产线第二、三、四期的投资)				
生产线转产(选择转产产品种类)				
出售生产线				
开始下一批生产(闲置的生产线开始新一轮生产)				
更新应收款(输入从应收款一期更新到现金库的金额)				
按订单交货				
厂房处理				
产品研发投资				
支付行政管理费				
新市场开拓				
ISO资格认证投资				
支付设备维护费				
计提折旧				( )
违约扣款				
紧急采购(随时进行)				
出售库存(随时进行)				
应收款贴现(随时进行)				
贴息(随时进行)				
其他现金收支情况登记(根据需要填写)				
期末现金对账(请填余额)				

订单登记表

项目	订单号								合计
市场									
产品									
数量									
交货期									
应收账款账期									
销售额									
成本									
毛利									

产品核算统计表

项目	P1	P2	P3	P4	P5	合计
数量						
销售额						
成本						
毛利						

综合管理费用明细表

项目	金额/万元	备注
管理费		
广告费		
设备维护费		
租金		
转产费		
市场准入开拓		□本地 □区域 □国内 □亚洲 □国际
ISO认证资格		□ISO9000 □ISO14000
产品研发费		P1( ) P2( ) P3( ) P4( ) P5( )
损失		
合计		

利 润 表

单位：万元

项目	本年数
销售收入	
直接成本	
毛利	
综合费用	
折旧前利润	
折旧	
支付利息前利润	
财务费用(利息+贴息)	
税前利润	
所得税	
净利润	

资产负债表

资产	金额/万元	负债和所有者权益	金额/万元
流动资产：		负债：	
库存现金		长期负债	
应收账款		短期负债	
在产品		应交税费	
产成品			
原材料			
流动资产合计		负债合计	
固定资产：		所有者权益：	
土地和建筑		股东资本	
机器与设备		利润留存	
在建工程		年度净利	
固定资产合计		所有者权益合计	
资产总计		负债和所有者权益总计	

实训年第6年

现金预算表

项目	时间/季			
	1	2	3	4
期初库存现金				
应收款贴现收入				
市场营销投入				
支付上年应交税				
长贷本息收支				
支付到期长期贷款				
短贷本息收支				
支付到期短期贷款				
原料采购支付现金				
厂房租买开支				
生产线(投资、转、卖、租)				
工人工资(下一批生产)				
应收账款到期				
产品研发投资				
厂房处置(出售、买转租、租转买、退租)				
支付管理费用及厂房续租				
设备维护费用				
市场开拓投资				
ISO认证投资				
违约罚款				
厂房贴现				
其他				
库存现金余额				

要点记录

第一季度：

第二季度：

第三季度：

第四季度：

年底小结：

现金收支表

项目	时间/季			
	1	2	3	4
年初现金盘点				
广告费				
支付长贷利息及税金				
申请长期贷款				
季初现金盘点(请填余额)				
更新短期贷款/还本付息，更新生产/完工入库				
申请短期贷款				
更新原料库(购买到期的原料，更新在途原料)				
订购原料				
购租厂房(选择厂房类型，选择购买或租赁)				
新建生产线(选择生产线类型及生产产品种类)				
在建生产线(生产线第二、三、四期的投资)				
生产线转产(选择转产产品种类)				
出售生产线				
开始下一批生产(闲置的生产线开始新一轮生产)				
更新应收款(输入从应收款一期更新到现金库的金额)				
按订单交货				
厂房处理				
产品研发投资				
支付行政管理费				
新市场开拓				
ISO资格认证投资				
支付设备维护费				
计提折旧				( )
违约扣款				
紧急采购(随时进行)				
出售库存(随时进行)				
应收款贴现(随时进行)				
贴息(随时进行)				
其他现金收支情况登记(根据需要填写)				
期末现金对账(请填余额)				

订单登记表

项目	订单号					合计
市场						
产品						
数量						
交货期						
应收账款账期						
销售额						
成本						
毛利						

产品核算统计表

项目	P1	P2	P3	P4	P5	合计
数量						
销售额						
成本						
毛利						

综合管理费用明细表

项目	金额/万元	备注
管理费		
广告费		
设备维护费		
租金		
转产费		
市场准入开拓		□本地 □区域 □国内 □亚洲 □国际
ISO认证资格		□ISO9000 □ISO14000
产品研发费		P1( ) P2( ) P3( ) P4( ) P5( )
损失		
合计		

利润表

单位：万元

项目	本年数
销售收入	
直接成本	
毛利	
综合费用	
折旧前利润	
折旧	
支付利息前利润	
财务费用(利息+贴息)	
税前利润	
所得税	
净利润	

资产负债表

资产	金额/万元	负债和所有者权益	金额/万元
流动资产：		负债	
库存现金		长期负债	
应收账款		短期负债	
在产品		应交税费	
产成品			
原材料			
流动资产合计		负债合计	
固定资产：		所有者权益：	
土地和建筑		股东资本	
机器与设备		利润留存	
在建工程		年度净利	
固定资产合计		所有者权益合计	
资产总计		负债和所有者权益总计	

附　录

附录A　手工沙盘实训辅助图表

用友ERP手工沙盘10组市场预测图

用友ERP手工沙盘10组市场预测图是由一家权威的市场调研机构对未来6年里各个市场的需求做的预测,这一预测有着很高的可信度,但若根据这一预测进行企业的经营运作,其后果则由各企业自行承担。

P1产品运用的是目前市场上的主流技术,P2作为P1的技术改良产品,也比较容易获得大众的认同。P3和P4产品作为P系列里的高端产品,各个市场对它们的认同度不尽相同,需求量与价格也有较大差异。

本地市场将会持续发展,客户对低端产品的需求可能会减少。伴随着需求的减少,低端产品的价格很有可能会逐步走低。后几年,随着高端产品的成熟,市场对P3、P4产品的需求将会逐渐增大。由于客户对质量要求的不断提高,后两年可能会对厂商是否通过了ISO9000认证和ISO14000认证有更多要求。

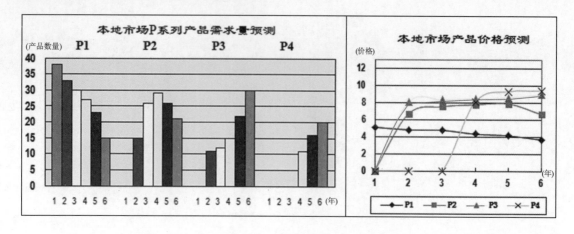

区域市场的客户相对稳定，对P系列产品需求的变化可能会比较平稳。因其紧邻本地市场，所以产品需求量的走势可能与本地市场相似，价格趋势也应大致一样。该市场容量有限，对高端产品的需求也可能相对较小，但客户会对产品的ISO9000和ISO14000认证有较高的要求。

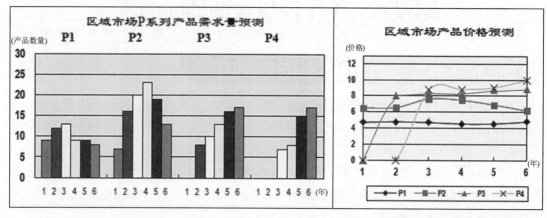

因P1产品带有较浓的地域色彩，估计国内市场不会对P1产品有持久的需求，但P2产品因更适合国内市场，所以其需求可能会一直比较平稳。随着国内市场对P系列产品的逐渐认同，对P3产品的需求也许会发展较快，但对P4产品的需求就不一定像P3产品那样旺盛了。当然，对高价值的产品来说，客户一定会更注重产品的质量认证。

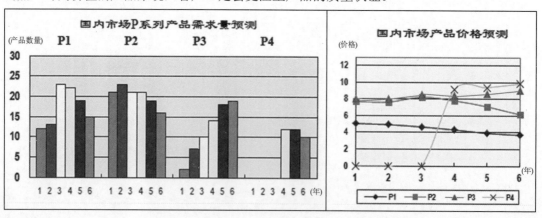

亚洲市场一向波动较大，对P1产品的需求可能起伏较大，估计对P2产品的需求走势与P1相似，但该市场对新产品很敏感，因此对P3、P4产品的需求也许会发展较快，其价格也可能不菲。另外，这个市场的消费者很看重产品的质量，所以没有通过ISO9000和ISO14000认证的产品可能很难销售。

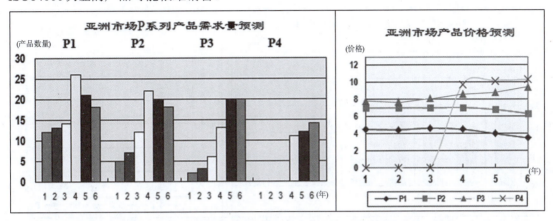

P系列产品进入国际市场可能需要一段较长的时间。有迹象表明，目前这一市场上的客户对P1产品已经有所认同，但P1产品还需要一段时间才能被市场接受。同样，他们对P2、P3和P4产品也会很谨慎地接受，需求发展较慢。当然，国际市场的客户也会关注通过了ISO认证的产品。

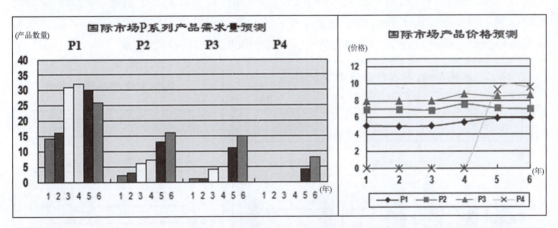

用友ERP手工沙盘6组市场预测图

用友ERP手工沙盘6组市场预测图是由一家权威的市场调研机构对未来6年里各个市场的需求做的预测，这一预测有着很高的可信度，但若根据这一预测进行企业的经营运作，其后果则由各企业自行承担。

P1产品运用的是目前市场上的主流技术，P2作为P1的技术改良产品，也比较容易获得大众的认同。P3和P4产品作为P系列里的高端产品，各个市场上对它们的认同度不尽相同，需求量与价格也有较大的差异。

本地市场将会持续发展，客户对低端产品的需求可能会减少。伴随着需求的减少，低端产品的价格很有可能会逐步走低。后几年，随着高端产品的成熟，市场对P3、P4产品的需求将会逐渐增大。同时，随着时间的推移，客户对质量要求的不断提高，后几年可能会对厂商是否通过了ISO9000认证和ISO14000认证有更多的要求。

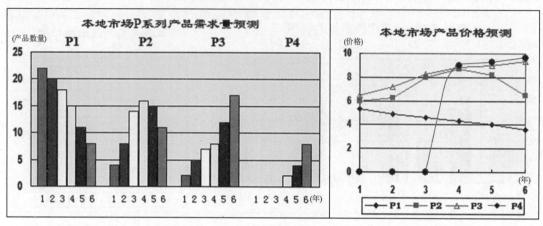

区域市场的客户对P系列产品的喜好相对稳定，因此市场需求量的波动可能会比较平稳。因其紧邻本地市场，所以产品需求量的走势可能与本地市场相似，价格趋势也应大致一样。该市场的客户比较乐于接受新的事物，对高端产品也会比较感兴趣，但由于受到地域的限制，该市场的需求总量非常有限，并且这个市场上的客户相对比较挑剔，因此在后几年客户会对厂商是否通过了ISO9000认证和ISO14000认证有较高的要求。

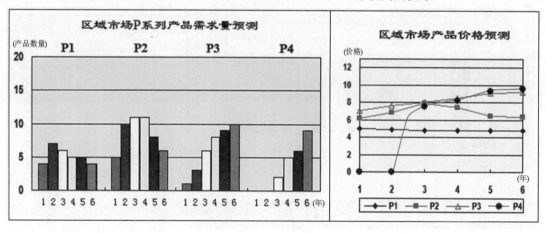

因P1产品带有较浓的地域色彩，估计国内市场不会对P1产品有持久的需求，但P2产品因为更适合国内市场，所以其需求可能会一直比较平稳。随着国内市场对P系列产品新技术的逐渐认同，对P3产品的需求也许会发展较快，但这个市场上的客户对P4产品却并不是那么认同。当然，对于高端产品来说，客户一定会更注重产品的质量。

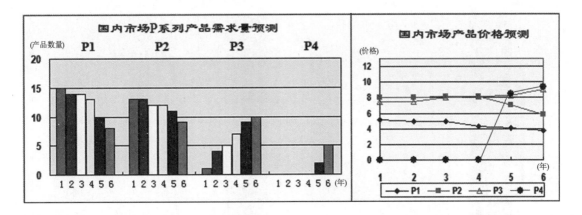

亚洲市场客户的喜好一向波动较大，不易把握，对P1产品的需求可能起伏较大，P2产品的需求走势也可能会与P1相似，但该市场对新产品很敏感，因此对P3、P4产品的需求估计会发展较快，其价格也可能不菲。另外，这个市场的消费者很看重产品的质量，所以在后几年里，如果厂商没有通过ISO9000和ISO14000认证，其产品可能很难销售。

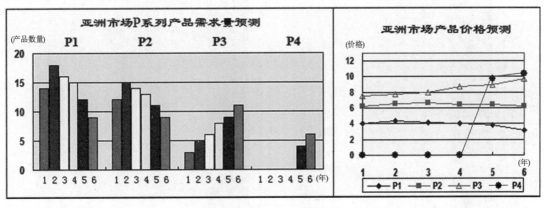

进入国际市场可能需要一段较长的时间。有迹象表明，目前这一市场上的客户对P1产品已经有所认同，需求也会比较旺盛。对于P2产品，客户将会谨慎地接受，但其仍需一段时间才能被市场所接受。对于新兴的技术，这一市场上的客户将会以观望为主，因此对P3和P4产品的需求将会发展极慢。因为产品需求主要集中在低端，所以客户对于ISO认证的要求并不如其他几个市场那么高，但也不排除在后期会有这方面的需求。

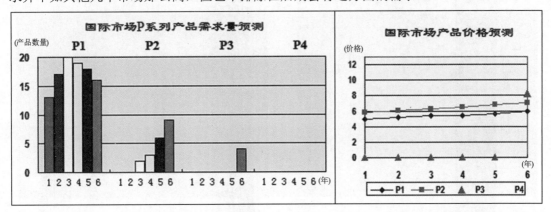

各组竞单表（广告登记表1）

_组第0年（教学年）竞单表

项目	本地	区域 国内	亚洲	国际
P1	1			
P2				
P3				
P4				
ISO9000				
ISO14000				

_组实验年第1年竞单表

项目	本地	区域 国内	亚洲	国际
P1				
P2				
P3				
P4				
ISO9000				
ISO14000				

_组实验年第2年竞单表

项目	本地	区域 国内	亚洲	国际
P1				
P2				
P3				
P4				
ISO9000				
ISO14000				

_组实训年第1年竞单表

项目	本地	区域 国内	亚洲	国际
P1				
P2				
P3				
P4				
ISO9000				
ISO14000				

_组实训年第2年竞单表

项目	本地	区域 国内	亚洲	国际
P1				
P2				
P3				
P4				
ISO9000				
ISO14000				

_组实训年第3年竞单表

项目	本地	区域 国内	亚洲	国际
P1				
P2				
P3				
P4				
ISO9000				
ISO14000				

（备注：实训时可以撕下来。）

各组竞单表(广告登记表2)

___组实训年第4年竞单表

项目	本地	区域	国内	亚洲	国际
P1					
P2					
P3					
P4					
ISO9000					
ISO14000					

___组实训年第5年竞单表

项目	本地	区域	国内	亚洲	国际
P1					
P2					
P3					
P4					
ISO9000					
ISO14000					

___组实训年第6年竞单表

项目	本地	区域	国内	亚洲	国际
P1					
P2					
P3					
P4					
ISO9000					
ISO14000					

___组实训年第__年竞单表

项目	本地	区域	国内	亚洲	国际
P1					
P2					
P3					
P4					
ISO9000					
ISO14000					

___组实训年第__年竞单表

项目	本地	区域	国内	亚洲	国际
P1					
P2					
P3					
P4					
ISO9000					
ISO14000					

___组实训年第__年竞单表

项目	本地	区域	国内	亚洲	国际
P1					
P2					
P3					
P4					
ISO9000					
ISO14000					

(备注：实训时可以撕下来。)

采购及材料付款计划

实验年第1年

项目	时间/季															
	1				2				3				4			
原材料	R1	R2	R3	R4	R1	R2	R3	R4	R1	R2	R3	R4	R1	R2	R3	R4
订购数量																
采购入库																

实验年第2年

项目	时间/季															
	1				2				3				4			
原材料	R1	R2	R3	R4	R1	R2	R3	R4	R1	R2	R3	R4	R1	R2	R3	R4
订购数量																
采购入库																

实训年第1年

项目	时间/季															
	1				2				3				4			
原材料	R1	R2	R3	R4	R1	R2	R3	R4	R1	R2	R3	R4	R1	R2	R3	R4
订购数量																
采购入库																

实训年第2年

项目	时间/季															
	1				2				3				4			
原材料	R1	R2	R3	R4	R1	R2	R3	R4	R1	R2	R3	R4	R1	R2	R3	R4
订购数量																
采购入库																

实训年第3年

项目	时间/季															
	1				2				3				4			
原材料	R1	R2	R3	R4	R1	R2	R3	R4	R1	R2	R3	R4	R1	R2	R3	R4
订购数量																
采购入库																

实训年第4年

项目	时间/季															
	1				2				3				4			
原材料	R1	R2	R3	R4	R1	R2	R3	R4	R1	R2	R3	R4	R1	R2	R3	R4
订购数量																
采购入库																

实训年第5年

项目	时间/季															
	1				2				3				4			
原材料	R1	R2	R3	R4	R1	R2	R3	R4	R1	R2	R3	R4	R1	R2	R3	R4
订购数量																
采购入库																

实训年第6年

项目	时间/季															
	1				2				3				4			
原材料	R1	R2	R3	R4	R1	R2	R3	R4	R1	R2	R3	R4	R1	R2	R3	R4
订购数量																
采购入库																

公司第__年生产及设备状态记录表

生产线编号		1	2	3	4	5	6	7	8	9	10
1季度末	产出情况	产出(P)	产出(P)	产出(P)	产出(P)	产出(P)	产出(P)	产出(P)	产出(P)	产出(P)	产出(P)
		手/半/自采	手/半/自采	手/半/自采	手/半/自采	手/半/自采	手/半/自采	手/半/自采	手/半/自采	手/半/自采	手/半/自采
	生产线	在产：P/Q	在产：P/Q	在产：P/Q	在产：P/Q	在产：P/Q	在产：P/Q	在产：P/Q	在产：P/Q	在产：P/Q	在产：P/Q
		在建(Q)	在建(Q)	在建(Q)	在建(Q)	在建(Q)	在建(Q)	在建(Q)	在建(Q)	在建(Q)	在建(Q)
		转产(Q)	转产(Q)	转产(Q)	转产(Q)	转产(Q)	转产(Q)	转产(Q)	转产(Q)	转产(Q)	转产(Q)
2季度末	产出情况	产出(P)	产出(P)	产出(P)	产出(P)	产出(P)	产出(P)	产出(P)	产出(P)	产出(P)	产出(P)
		手/半/自采	手/半/自采	手/半/自采	手/半/自采	手/半/自采	手/半/自采	手/半/自采	手/半/自采	手/半/自采	手/半/自采
	生产线	在产：P/Q	在产：P/Q	在产：P/Q	在产：P/Q	在产：P/Q	在产：P/Q	在产：P/Q	在产：P/Q	在产：P/Q	在产：P/Q
		在建(Q)	在建(Q)	在建(Q)	在建(Q)	在建(Q)	在建(Q)	在建(Q)	在建(Q)	在建(Q)	在建(Q)
		转产(Q)	转产(Q)	转产(Q)	转产(Q)	转产(Q)	转产(Q)	转产(Q)	转产(Q)	转产(Q)	转产(Q)
3季度末	产出情况	产出(P)	产出(P)	产出(P)	产出(P)	产出(P)	产出(P)	产出(P)	产出(P)	产出(P)	产出(P)
		手/半/自采	手/半/自采	手/半/自采	手/半/自采	手/半/自采	手/半/自采	手/半/自采	手/半/自采	手/半/自采	手/半/自采
	生产线	在产：P/Q	在产：P/Q	在产：P/Q	在产：P/Q	在产：P/Q	在产：P/Q	在产：P/Q	在产：P/Q	在产：P/Q	在产：P/Q
		在建(Q)	在建(Q)	在建(Q)	在建(Q)	在建(Q)	在建(Q)	在建(Q)	在建(Q)	在建(Q)	在建(Q)
		转产(Q)	转产(Q)	转产(Q)	转产(Q)	转产(Q)	转产(Q)	转产(Q)	转产(Q)	转产(Q)	转产(Q)
4季度末	产出情况	产出(P)	产出(P)	产出(P)	产出(P)	产出(P)	产出(P)	产出(P)	产出(P)	产出(P)	产出(P)
		手/半/自采	手/半/自采	手/半/自采	手/半/自采	手/半/自采	手/半/自采	手/半/自采	手/半/自采	手/半/自采	手/半/自采
	生产线	在产：P/Q	在产：P/Q	在产：P/Q	在产：P/Q	在产：P/Q	在产：P/Q	在产：P/Q	在产：P/Q	在产：P/Q	在产：P/Q
		在建(Q)	在建(Q)	在建(Q)	在建(Q)	在建(Q)	在建(Q)	在建(Q)	在建(Q)	在建(Q)	在建(Q)
		转产(Q)	转产(Q)	转产(Q)	转产(Q)	转产(Q)	转产(Q)	转产(Q)	转产(Q)	转产(Q)	转产(Q)
产能合计		P1( )个		P2( )个		P3( )个		P4( )个			

公司贷款申请表

贷款	时间																							
	实验年第1年				实验年第2年				实训年第1年				实训年第2年				实训年第3年				实训年第4年			
	1	2	3	4	1	2	3	4	1	2	3	4	1	2	3	4	1	2	3	4	1	2	3	4
短贷 借																								
短贷 还																								
高利贷 借																								
高利贷 还																								
短贷余额																								
监督员签字																								
长贷 借																								
长贷 还																								
长贷余额																								
上年权益																								
监督员签字																								

(表格另含实训年第5年、实训年第6年列，每年分1、2、3、4期)

应收账款凭条

第（ ）年第（ ）季度 （ ）账期应收账款， 共（ ）M，于第（ ）年 第（ ）季度收现	第（ ）年第（ ）季度 （ ）账期应收账款， 共（ ）M，于第（ ）年 第（ ）季度收现	第（ ）年第（ ）季度 （ ）账期应收账款， 共（ ）M，于第（ ）年 第（ ）季度收现	第（ ）年第（ ）季度 （ ）账期应收账款， 共（ ）M，于第（ ）年 第（ ）季度收现
第（ ）年第（ ）季度 （ ）账期应收账款， 共（ ）M，于第（ ）年 第（ ）季度收现	第（ ）年第（ ）季度 （ ）账期应收账款， 共（ ）M，于第（ ）年 第（ ）季度收现	第（ ）年第（ ）季度 （ ）账期应收账款， 共（ ）M，于第（ ）年 第（ ）季度收现	第（ ）年第（ ）季度 （ ）账期应收账款， 共（ ）M，于第（ ）年 第（ ）季度收现
第（ ）年第（ ）季度 （ ）账期应收账款， 共（ ）M，于第（ ）年 第（ ）季度收现	第（ ）年第（ ）季度 （ ）账期应收账款， 共（ ）M，于第（ ）年 第（ ）季度收现	第（ ）年第（ ）季度 （ ）账期应收账款， 共（ ）M，于第（ ）年 第（ ）季度收现	第（ ）年第（ ）季度 （ ）账期应收账款， 共（ ）M，于第（ ）年 第（ ）季度收现
第（ ）年第（ ）季度 （ ）账期应收账款， 共（ ）M，于第（ ）年 第（ ）季度收现	第（ ）年第（ ）季度 （ ）账期应收账款， 共（ ）M，于第（ ）年 第（ ）季度收现	第（ ）年第（ ）季度 （ ）账期应收账款， 共（ ）M，于第（ ）年 第（ ）季度收现	第（ ）年第（ ）季度 （ ）账期应收账款， 共（ ）M，于第（ ）年 第（ ）季度收现
第（ ）年第（ ）季度 （ ）账期应收账款， 共（ ）M，于第（ ）年 第（ ）季度收现	第（ ）年第（ ）季度 （ ）账期应收账款， 共（ ）M，于第（ ）年 第（ ）季度收现	第（ ）年第（ ）季度 （ ）账期应收账款， 共（ ）M，于第（ ）年 第（ ）季度收现	第（ ）年第（ ）季度 （ ）账期应收账款， 共（ ）M，于第（ ）年 第（ ）季度收现

各组的应收账款登记表

公司	款类		实验年第1年				实验年第2年				实训年第1年				实训年第2年			
			1	2	3	4	1	2	3	4	1	2	3	4	1	2	3	4
	应收账期	1																
		2																
		3																
		4																
	到款																	
	贴现																	
	贴现费用																	

公司	款类		实训年第3年				实训年第4年				实训年第5年				实训年第6年			
			1	2	3	4	1	2	3	4	1	2	3	4	1	2	3	4
	应收账期	1																
		2																
		3																
		4																
	到款																	
	贴现																	
	贴现费用																	

手工沙盘各年经营成果展示表

公司	第0年	第1年	第2年	第3年	第4年	第5年	第6年	总分
A1	66 / 2							
B2	66 / 2							
C3	66 / 2							
D4	66 / 2							
E5	66 / 2							
F6	66 / 2							
G7	66 / 2							
H8	66 / 2							
I9	66 / 2							
J10	66 / 2							
本地								
区域								
国内								
亚洲								
国际								

注：第0年一列表格中的"2"表示当年的净利润；"66"表示当年的所有者权益。

附录B 商战沙盘实训辅助图表

市场预测信息

市场预测表——均价

序号	年份	产品	本地	区域	国内	亚洲	国际
1	第2年	P1	50.84	50.44	0	0	0
2	第2年	P2	70.94	70.53	0	0	0
3	第2年	P3	87.48	87.67	0	0	0
4	第2年	P4	129.67	129.05	0	0	0
5	第3年	P1	49.67	49.53	47.53	0	0
6	第3年	P2	70.11	70.46	68.70	0	0
7	第3年	P3	82.58	82.80	0	0	0
8	第3年	P4	131.83	130.50	132.23	0	0
9	第4年	P1	48.45	49.35	47.40	0	0
10	第4年	P2	70.94	71.09	71.07	71.96	0
11	第4年	P3	89.50	90.67	0	89.84	0
12	第4年	P4	135.38	134.28	135.04	0	0
13	第5年	P1	50.43	50.50	50.18	0	0
14	第5年	P2	68.73	69.32	69.18	71.60	0
15	第5年	P3	81.38	80.82	0	81.81	89.55
16	第5年	P4	129.77	128.72	128.00	0	136.00
17	第6年	P1	50.06	49.97	49.03	0	0
18	第6年	P2	70.40	0	69.24	71.67	0
19	第6年	P3	87.23	87.52	0	86.21	92.00
20	第6年	P4	128.77	128.12	128.15	0	134.13

| \multicolumn{7}{c}{市场预测表——需求量} |
序号	年份	产品	本地	区域	国内	亚洲	国际
1	第2年	P1	50	39	0	0	0
2	第2年	P2	35	32	0	0	0
3	第2年	P3	23	18	0	0	0
4	第2年	P4	21	22	0	0	0
5	第3年	P1	46	49	53	0	0
6	第3年	P2	35	35	30	0	0
7	第3年	P3	26	20	0	0	0
8	第3年	P4	18	18	26	0	0
9	第4年	P1	44	46	50	0	0
10	第4年	P2	34	35	29	23	0
11	第4年	P3	24	24	0	37	0
12	第4年	P4	16	18	25	0	0
13	第5年	P1	46	42	38	0	0
14	第5年	P2	26	28	28	20	0
15	第5年	P3	26	22	0	27	20
16	第5年	P4	22	18	19	0	20
17	第6年	P1	47	38	37	0	0
18	第6年	P2	25	0	25	18	0
19	第6年	P3	22	21	0	33	22
20	第6年	P4	26	25	27	0	15

序号	年份	产品	本地	区域	国内	亚洲	国际
1	第2年	P1	12	10	0	0	0
2	第2年	P2	11	10	0	0	0
3	第2年	P3	8	7	0	0	0
4	第2年	P4	8	8	0	0	0
5	第3年	P1	11	11	13	0	0
6	第3年	P2	11	10	10	0	0
7	第3年	P3	9	7	0	0	0
8	第3年	P4	7	7	9	0	0
9	第4年	P1	11	10	10	0	0
10	第4年	P2	11	10	10	7	0
11	第4年	P3	9	8	0	10	0
12	第4年	P4	6	6	8	0	0
13	第5年	P1	11	10	9	0	0
14	第5年	P2	10	9	9	7	0
15	第5年	P3	9	8	0	9	7
16	第5年	P4	8	6	7	0	6
17	第6年	P1	10	9	8	0	0
18	第6年	P2	9	0	9	7	0
19	第6年	P3	8	8	0	10	8
20	第6年	P4	8	7	9	0	5

竞单信息表					
序号	年份	市场	产品	数量	ISO
3J01	第3年	本地	P1	3	—
3J02	第3年	本地	P2	4	—
3J03	第3年	本地	P3	2	—
3J04	第3年	本地	P4	3	9K
3J08	第3年	区域	P2	3	9K
3J09	第3年	区域	P2	5	—
3J10	第3年	区域	P3	3	—
3J11	第3年	区域	P3	4	—
3J12	第3年	区域	P4	4	9K
3J14	第3年	国内	P1	4	9K
3J15	第3年	国内	P2	2	9K
3J16	第3年	国内	P3	3	—
3J17	第3年	国内	P4	3	—
6J01	第6年	本地	P1	4	—
6J02	第6年	本地	P2	2	—
6J03	第6年	本地	P3	3	14K
6J04	第6年	本地	P4	3	—
6J05	第6年	区域	P2	6	—
6J06	第6年	区域	P3	4	9K，14K
6J07	第6年	区域	P4	2	—
6J09	第6年	国内	P1	3	—
6J10	第6年	国内	P2	4	—
6J11	第6年	国内	P4	4	—
6J13	第6年	亚洲	P2	4	—
6J14	第6年	亚洲	P3	5	—
6J17	第6年	国际	P4	6	—

注：9K代表ISO9000；14K代表ISO14000。

广告投放情况记录表

第（　）组第2年年初广告投放情况记录

产品	市场				
	本地	区域	国内	亚洲	国际
P1					
P2					
P3					
P4					

第（　）组第3年年初广告投放情况记录

产品	市场				
	本地	区域	国内	亚洲	国际
P1					
P2					
P3					
P4					

第（　）组第4年年初广告投放情况记录

产品	市场				
	本地	区域	国内	亚洲	国际
P1					
P2					
P3					
P4					

第（　）组第5年年初广告投放情况记录

产品	市场				
	本地	区域	国内	亚洲	国际
P1					
P2					
P3					
P4					

第（　）组第6年年初广告投放情况记录

产品	市场				
	本地	区域	国内	亚洲	国际
P1					
P2					
P3					
P4					

商战电子沙盘各年经营成果展示表

公司	第1年	第2年	第3年	第4年	第5年	第6年	总分
A1							
B2							
C3							
D4							
E5							
F6							
G7							
H8							
I9							
J10							

附录C 2018年河南省本科沙盘省赛竞赛资料

2018年河南省本科沙盘省赛竞赛规则

(一)参赛队员分工

比赛采取团队竞赛方式,每支参赛队派5名参赛选手。每支代表队模拟一家生产制造型企业,与其他参赛队模拟的同质企业在同一市场环境中展开企业经营竞争。参赛选手分别担任如下角色:总经理(CEO)、财务总监(CFO)、生产总监(CPO)、营销总监(CMO)、采购总监(CLO)。

(二)运行方式及监督

本次大赛采用"新道新商战沙盘系统V5.0"(以下简称"系统"),最终结果以"系统"为准。运行中的销售竞单在电子模拟运行系统中进行,各队在本队运行地参加市场订货会。交易活动包括贷款、原材料入库、交货、应收账款贴现及回收，均在本地计算机上完成。

各参赛队应具备至少一台具有有线网卡的笔记本电脑(比赛期间只允许一台电脑接入局域网操作)，作为运行平台，并安装录屏软件。比赛过程中，学生端务必启动录屏软件，全程录制经营过程，每一年的经营最好录制为一个独立的文件。一旦发生问题，比赛以录屏结果为证，裁决争议。如果参赛队擅自停止录屏过程，则按系统的实际运行状态执行。

比赛期间带队老师不允许入场；所有参赛队的电脑仅限于作为系统运行平台，参赛队可以自制一些工具，但不得使用各种手段通过Internet与外界联系，否则取消参赛资格。

比赛期间计时以本赛区所用服务器上的时间为准，赛前选手可以按照服务器时间调整自己电脑上的时间。

大赛设裁判组，负责大赛中所有比赛过程的监督和争议裁决。

注意：

自带电脑的操作系统和浏览器要保持干净，无病毒，必须使用谷歌浏览器，同时需要安装Flash Player插件；请各队至少多备一台电脑，以防万一。

(三)企业运营流程

企业运营流程建议按照运营流程表中列示的流程执行，比赛期间不能还原。

每年经营结束后，各参赛队需要在系统中填制资产负债表、综合费用表、利润表，如果不填，则视同报表错误一次，并扣分(详见罚分规则)，但不影响经营。此次比赛不需要提交纸质报表给裁判核对。

注意：

(1) 三张报表均需填写，请注意报表切换，并使用同一台电脑提交。

(2) "保存"按钮可暂存已填写的内容，请全部填写完毕后再提交，提交后无法再修改。

(四)竞赛规则

1. 融资规则

贷款类型	贷款时间	贷款额度	年利息	还款方式
长期贷款	每年年初	所有长贷和短贷之和不能超过上年所有者权益的3倍	10%	年初付息,到期还本
短期贷款	每季度初		5%	到期一次还本付息
资金贴现	任何时间	视应收款额而定	10%(1季、2季) 12.5%(3季、4季)	贴现时各账期分开核算,分开计息
库存拍卖	原材料打八折,成品按成本价			

融资规则说明如下。

1) 长期贷款和短期贷款信用额度

长期贷款和短期贷款的总额度(包括已借但未到还款期的贷款)为上年所有者权益总计的3倍,长期贷款、短期贷款必须以大于或等于10W的整数申请。例如,第1年所有者权益为358W,第1年已借5年期长贷504W(且未申请短期贷款),则第2年可贷款总额度为:358×3-504=570W。

2) 贷款规则

(1) 长期贷款每年必须支付利息,到期归还本金。长期贷款最多可贷5年。

(2) 结束年时,不要求归还没有到期的各类贷款。

(3) 短期贷款年限为一年,当某一季度有短期贷款需要归还,且同时还拥有贷款额度时,必须先归还到期的短期贷款,才能申请新的短期贷款。

(4) 所有的贷款不允许提前还款。

(5) 企业间不允许私自融资,只允许企业向银行贷款,银行不提供高利贷。

(6) 计算贷款利息时四舍五入。例如,借短期贷款210W,则利息为210×5%=10.5W,四舍五入后实际支付利息为11W。

(7) 长期贷款利息根据长期贷款的贷款总额乘以利率计算。例如,第1年申请504W长期贷款,第2年申请204W长期贷款,则第3年所需要支付的长期贷款利息=(504+204)×10%=70.8W,四舍五入后实际支付利息为71W。

3) 出售库存规则

(1) 原材料打八折出售。

(2) 出售产成品按产品的成本价计算。

2. 厂房规则

厂房	买价	租金	售价	容量
大厂房	420W	42W/年	420W	5条
中厂房	300W	30W/年	300W	4条
小厂房	190W	19W/年	190W	3条

厂房规则说明如下。

(1) 租用或购买厂房可以在任何季度进行。如果决定租用厂房或者厂房买转租,租金在开始租用的季度交付。

(2) 厂房租入后,一年后可做租转买、退租等处理(例如,第一年第一季度租厂房,则以后每一年的第一季度末均可选择"租转买"），如果到期没有选择"租转买"，系统自动做续租处理，租金在"当季结束"时和"行政管理费"一并扣除。

（3）要新建或租赁生产线，必须购买或租用厂房，没有租用或购买厂房不能新建或租赁生产线。

（4）如果厂房中没有生产线，则可以选择厂房退租。

（5）厂房出售得到4个账期的应收款，紧急情况下可进行厂房贴现(4季贴现)，直接得到现金，如果厂房中有生产线，则要扣租金。

（6）厂房可以任意组合，但总数不能超过4个，如租4个小厂房，买4个大厂房或租1个大厂房买3个中厂房。

3. 生产线规则

生产线	购置费	安装周期	生产周期	总转产费	转产周期	维修费	残值
超级手工线	40W	无	2Q	0W	无	8W/年	8W
租赁线	0W	无	1Q	20W	1Q	66W/年	-99W
自动线	150W	3Q	1Q	20W	1Q	20W/年	30W
柔性线	200W	4Q	1Q	0W	无	20W/年	40W

生产线规则说明如下。

（1）在"系统"中新建生产线，需先选择厂房，然后选择生产线的类型，要特别注意确定生产产品的类型。生产产品一经确定，本生产线所生产的产品便不能更换，如需更换，须在建成后，进行转产处理。

（2）每次操作可建一条生产线，同一季度可重复操作多次，直至生产线位置全部铺满。自动线和柔性线待最后一期投资到位后，必须到下一季度才算安装完成，允许投入使用。超级手工线和租赁线当季购入(或租入)当季即可使用。

（3）新建生产线一经确认，即可进入第一期在建，当季便自动扣除现金，但从第二期开始需要主动选中需要持续投资的生产线进行投资，否则系统默认本季不进行生产线投资。

（4）不论何时出售生产线，只能从生产线净值中取出相当于残值的部分计入现金，净值与残值之差计入损失。

（5）只有空的并且已经建成的生产线才能转产。

（6）当年建成的生产线、转产中的生产线都要交维修费。凡已出售的生产线(包括退租的租赁线)和新购正在安装的生产线不交纳维护费。

（7）生产线不允许在不同厂房之间移动。

（8）租赁线不需要购置费，也不需要安装周期，不提折旧，维修费可以理解为租金，其在出售时(可理解为退租)，系统将扣除99W/条的清理费用，计入损失。该类生产线不计小分。

生产线折旧采用平均年限法计算。

生产线	购置费	残值	建成第1年	建成第2年	建成第3年	建成第4年	建成第5年
超级手工线	40W	8W	0	8W	8W	8W	8W
自动线	150W	30W	0	30W	30W	30W	30W
柔性线	200W	40W	0	40W	40W	40W	40W

当年建成生产线当年不提折旧,当净值等于残值时生产线不再计提折旧,但可以继续使用。

4. 产品研发规则

名称	开发费用	开发总额	开发周期	加工费	直接成本	产品组成
P1	10W/季	20W	2季	10W/个	20W/个	R1
P2	14W/季	28W	2季	10W/个	30W/个	R2+R3
P3	10W/季	40W	4季	10W/个	40W/个	R1+R3+R4
P4	12W/季	48W	4季	10W/个	50W/个	P1+R1+R3
P5	13W/季	65W	5季	10W/个	60W/个	P2+R2+R4

要想生产某种产品,先要获得该产品的生产许可证,而要获得生产许可证,则必须经过产品研发。P1、P2、P3、P4、P5产品都需要在进行研发后才能获得生产许可。研发需要分期投入研发费用。

产品研发可以中断或终止,但不允许超前或集中投入,已投资的研发费用不能回收。
如果开发没有完成,"系统"不允许开工生产。

5. ISO资格认证规则

ISO类型	研发费用	年限	全部研发费用
ISO9000	10W/年	2年	20W
ISO14000	15W/年	2年	30W

ISO资格认证无须交维护费,若中途停止使用,也可继续拥有资格并在以后年份使用。
ISO认证,只有在第4季度末才可以操作。

6. 市场开拓规则

市场	开拓费	开拓年限	全部开拓费用
本地	10W/年	1年	10W
区域	10W/年	1年	10W
国内	10W/年	2年	20W
亚洲	10W/年	3年	30W
国际	10W/年	4年	40W

市场开拓无须交维护费,若中途停止使用,也可继续拥有资格并在以后年份使用。
市场开拓,只有在第4季度才可以操作。
投资中断,已投入的资金依然有效。

7. 原料规则

名称	购买价格	提前期
R1	10W/个	1季
R2	10W/个	1季
R3	10W/个	2季
R4	10W/个	2季

没有下订单的原材料不能采购入库。

所有预订的原材料到期必须全额以现金购买。

紧急采购时，原料价格是直接成本的两倍，在利润表中，直接成本仍然按照标准成本记录，紧急采购多付出的成本计入综合费用表中的"损失"项。

8. 选单规则

在一个回合中，每投放10W广告费理论上将获得一次选单机会，此后每增加20W理论上多一次选单机会。例如，投入30W广告费表示最多有两次选单机会，但是能否选到两次取决于市场需求及竞争态势。如果投小于10W的广告费则无选单机会，但仍扣广告费，这对计算市场广告额有效。广告投放可以是非10的倍数，如16W、17W，且投17W比投16W或10W优先选单。

投放广告，只有裁判宣布的最晚时间，没有最早时间，即在系统里当年经营结束后即可马上投下一年的广告。

选单时首先按当年本市场、本产品广告额投放从大到小的顺序依次选单；如果两队本市场、本产品广告额相同，则看本市场广告投放总额；如果本市场广告投放总额也相同，则看上年本市场销售排名；如仍无法决定，先投广告者先选单。第一年无订单。

选单时，两个市场同时开单，各队需要同时关注两个市场的选单进展，其中一个市场先结束，则第三个市场立即开单，即任何时候都会有两个市场同时开单，除非到最后只剩下一个市场选单未结束。如某年有本地、区域、国内、亚洲4个市场有选单，则系统将在本地、区域市场同时放单，各市场按P1、P2、P3、P4、P5的顺序独立放单；若本地市场选单结束，则国内市场立即开单，此时区域、国内两个市场保持同开，紧接着区域市场结束选单，则亚洲市场立即放单，即国内、亚洲两个市场同开。选单时各队需要单击相应的市场按钮(如"国内"按钮)，某一市场选单结束，系统不会自动跳到其他市场。

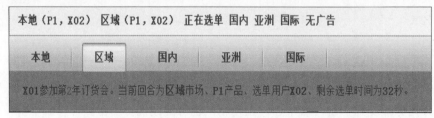

注意：

(1) 出现确认框后要在倒计时大于5秒时单击"确认"按钮，否则可能造成选单无效。

(2) 在某细分市场(如本地P1)有多次选单机会，只要放弃一次，则视同放弃该细分市场所有选单机会。

(3) 选单时各队允许一台电脑联网。

(4) 本次比赛无"市场老大"。

选单界面如下图所示。

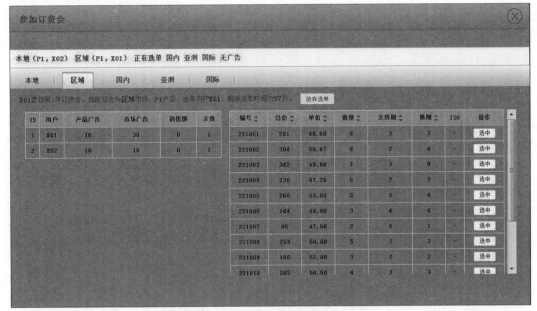

选择相应的订单，单击"选中"按钮，系统将提示是否确认选择此订单，如下图所示。

单击"确定"按钮(出现确认框后要在倒计时大于5秒时单击"确定"按钮，否则可能造成选单无效)，系统会提示选单成功，如下图所示。

9. 竞单会规则

在第3年和第5年订货会后，召开竞单会，系统一次同时放3张订单，具体竞拍订单的信息将和市场预测图一起下发。参与竞标的订单标明了订单编号、市场、产品、数量、ISO要求等，而总金额、交货期、账期3项为空。竞标订单的相关要求说明如下。

1) 投标资质

参与投标的公司需要有相应市场、ISO认证的资质，但不必有生产资格。中标的公司需为该单支付10W标书费，计入广告费。

如果(已竞得单数+本次同时竞单数)×10>现金余额，则不能再竞单，即必须有一定现金库存作为保证金。例如，某队同时竞拍3张订单，库存现金为40W，已经竞得3张订单，扣除了30W标书费后，还剩余10W库存现金，则该队不能继续参与竞单，因为假如其再竞得3张订单，10W库存现金不足以支付标书费30W。

为防止恶意竞单，系统对竞得订单张数进行限制，如果某队已竞得订单张数>ROUND(3×该年竞单总张数/参赛队数)，则不能继续竞单。例如，某年竞单，共有40张订单，20队参与竞单，当一队已经得到7张订单，因为7>ROUND(3×40/20)，所以其不能继续竞单，但如果已经竞得6张订单，则可以继续参与竞单。

注意：
(1) ROUND表示四舍五入；
(2) 如上式为等于，可以继续参与竞单；
(3) 参赛队数指经营中的队伍，破产退出经营的队伍不算在内。

2) 投标

参与投标的公司须根据所投标的订单，在系统规定时间内(90秒，以倒计时形式显示)填写竞拍总价、交货期、账期3项内容，确认后由系统按照得分判断。

$$得分=100+(5-交货期)\times 2+应收账期-8\times 总价/(该产品直接成本\times 数量)$$

以得分最高者中标。如果计算分数相同，则先提交者中标。

注意：
(1) 总价不能低于(可以等于)成本价，也不能高于(可以等于)成本价的3倍；
(2) 必须为竞单留足时间，如在倒计时小于或等于5秒时再提交，竞单可能无效；
(3) 竞得订单与选中订单一样，算市场销售额。

10. 订单违约规则

订单必须在规定季度或提前交货，应收账期从交货季度开始算起。应收款收回系统自动完成，不需要各队填写收回金额。

11. 取整规则(均精确或四舍五入到个位整数)

(1) 违约金(分别计算)扣除——四舍五入。
(2) 库存拍卖所得现金——四舍五入。
(3) 贴现费用——向上取整。
(4) 扣税——四舍五入。
(5) 长、短贷利息——四舍五入。

12. 违约处罚规则

所有订单要求在本年度内完成(按订单上的产品数量和交货期交货)。如果订单没有完成，则视为违约订单，将按下列条款加以处罚。

(1) 违约金分别按违约订单销售总额的 20%(四舍五入，每张订单违约金分别计算)进行计算，并在当年第4季度结束后扣除，违约金计入"损失"项。

例如，某组违约了以下两张订单(见下图)。

订单编号	市场	产品	数量	总价	状态	得单年份	交货期	账期	ISO	交货期
180016	本地	P2	2	146 W	违约	第2年	3季	0季	-	-
180011	本地	P1	1	60 W	已交单	第2年	2季	1季	-	第2年1季
180006	本地	P1	3	162 W	违约	第2年	3季	2季	-	-

则缴纳的违约金分别为：146×20%=29.2W≈29W；162×20%=32.4W≈32W。

合计为29+32=61W。

(2) 违约订单一律收回。

13. 重要参数规则

违约金比例	20.00 %	贷款额倍数	3 倍
产品折价率	100.00 %	原料折价率	80.00%
长贷利率	10.00 %	短贷利率	5.00%
1、2期贴现率	10.00 %	3、4期贴现率	12.50%
初始现金	620 W	管理费	10W
信息费	1 W	所得税率	25.00%
最大长贷年限	5 年	最小得单广告额	10W
原料紧急采购倍数	2 倍	产品紧急采购倍数	3 倍
选单时间	45 秒	首位选单补时	20秒
市场同开数量	2	市场老大	无
竞单时间	90 秒	竞单同竞数	3
最大厂房数量	4 个		

注意：

(1) 每个市场、每种产品选单时第一个队选单时间为65秒，自第二个队起，选单时间为45秒；

(2) 初始资金为620W；

(3) 信息费1W/次/队，即交1W可以查看一队企业信息，交费企业以Excel表格形式获得被查看企业详细信息，竞单会时无法使用间谍功能。

14. 竞赛排名规则

6年经营结束后，将根据各队的总成绩进行排名，分数高者排名在前。总成绩的计算公式为

$$总成绩＝所有者权益×(1＋企业综合发展潜力/100)-罚分$$

企业综合发展潜力系数如下表所示。

项目	综合发展潜力系数
自动线	+8/条
柔性线	+10/条
本地市场开发	+7
区域市场开发	+7
国内市场开发	+8
亚洲市场开发	+9

(续表)

项目	综合发展潜力系数
国际市场开发	+10
ISO9000	+8
ISO14000	+10
P1产品开发	+7
P2产品开发	+8
P3产品开发	+9
P4产品开发	+10
P5产品开发	+11
大厂房	+10/个
中厂房	+6/个
小厂房	+4/个

注意：

(1) 如有若干队分数相同，则参照各队第6年经营结束后的最终权益，权益高者排名在前，若权益相等，则参照第6年经营结束时间，先结束第6年经营的队伍排名在前；

(2) 破产队按照在系统内的破产时间先后参与排名(举例：U01组第4年第2个季度破产，U03组第4年第4个季度破产，则排名时U03组排名在U01组之前)；

(3) 生产线建成即加分(第6年年末交纳维修费的生产线才算建成)，无须生产出产品，也无须有在制品，租赁线无加分。

15. 罚分细则

1) 运行超时扣分

运行超时有两种情况：一种是指不能在规定时间内完成广告投放(可提前投放广告)；另一种是指不能在规定时间内完成当年经营(以单击系统中的"当年结束"按钮并确认为准)。

处罚：按总分50分/分钟(不满一分钟按一分钟计算)计算罚分，最多不能超过10分钟。如果10分钟后还不能完成相应的操作，将取消其参赛资格。

❖ **提示：**

投放广告时间、完成经营时间及提交报表时间系统均会记录下来，作为扣分依据。

2) 报表错误扣分

每组必须按规定时间在系统中填制资产负债表、综合费用表、利润表，如果上交的报表与系统自动生成的报表对照有误，在总得分中扣罚50分/次，并以系统提供的报表为准进行修订。

❖ **提示：**

系统会对上交报表的时间做规定，延误提交报表即视为错误一次，即使后来在系统中填制正确也要扣分。由运营超时引发延误提交报表视同报表错误并扣分(即如果某队超时4分钟，将被扣除50×4+50=250分)。

3) 其他违规扣分

在运行过程中下列情况属违规。

(1) 对裁判正确的判罚不服从。

(2) 其他严重影响比赛正常进行的活动。

如有以上行为者，视情节轻重，在第6年经营结束后扣除该队总得分的500~2000分。

所有罚分在第6年经营结束后计算总成绩时一起扣除。

16. 破产处理规则

当参赛队权益为负(指当年结束系统生成资产负债表时权益为负)或现金断流时(权益和现金可以为零)，企业破产。参赛队破产后，直接退出比赛。

(五) 其他说明

(1) 本次比赛中，各企业之间不允许进行任何交易，包括现金及应收款的流通，以及原材料、产成品的买卖等。

(2) 企业每年的运营时间为一个小时(不含选单时间，第1年运营时间为45分钟，第6年运营时间为50分钟)，如果发生特殊情况，经裁判组同意后可做适当调整。

(3) 比赛过程中，学生端必须启动录屏软件，用于全程录制经营过程，把每一年经营录制为一个独立的文件。一旦发生问题，以录屏结果为证，裁决争议。如果擅自停止录屏过程，按教师端服务器系统的实际运行状态执行。录屏软件由各队在比赛前安装完成，并提前学会如何使用。

(4) 比赛期间，各队自带笔记本电脑，允许使用自制的计算工具，但每队笔记本电脑均不允许连入外网，违者直接取消比赛资格。

(5) 每一年投放广告结束后，将给各队3分钟的时间观看各队广告单；每一年经营结束后，裁判将公布各队综合费用表、利润表、资产负债表。

(6) 每一年经营结束后，将有15分钟的看盘时间，看盘期间各队至少要留一名选手在组位，否则后果自负。

(7) 比赛开始前，各参赛队CEO抽签决定组号。

(8) 本规则解释权归大赛裁判组。

市场预测信息——均价

序号	年份	产品	本地市场	区域市场	国内市场	亚洲市场	国际市场
1	2	P1	55	54.83	0	0	0
2	2	P2	74.47	71.49	0	0	0
3	2	P3	95.95	93.02	0	0	0
4	2	P4	143.11	138.83	0	0	0
5	2	P5	172.94	164	0	0	0
6	3	P1	52.98	50.72	54.49	0	0
7	3	P2	73.1	71.49	75.13	0	0
8	3	P3	86.82	84.62	87.74	0	0
9	3	P4	134.11	132.79	132.48	0	0
10	3	P5	165.37	166.52	167	0	0

(续表)

序号	年份	产品	本地市场	区域市场	国内市场	亚洲市场	国际市场
11	4	P1	47.26	48.87	45.84	0	0
12	4	P2	62.17	61.21	60.76	0	0
13	4	P3	0	77.79	83.44	78.64	0
14	4	P4	123.18	0	123.42	126	0
15	4	P5	0	152.48	155.82	147.07	0
16	5	P1	51.08	50.46	0	0	57.4
17	5	P2	64.3	0	61.89	64.97	0
18	5	P3	77.14	76.47	0	74.14	0
19	5	P4	0	127.5	127.5	0	126.55
20	5	P5	0	0	149.67	151.13	151.81
21	6	P1	56.39	57.67	0	0	60.85
22	6	P2	75.06	0	72.62	81.53	0
23	6	P3	94.29	0	88.48	94.84	100.32
24	6	P4	138.76	140.14	139.97	0	139.86
25	6	P5	0	166.36	166.77	172.75	173.12

市场预测信息——需求量

序号	年份	产品	本地市场	区域市场	国内市场	亚洲市场	国际市场
1	2	P1	87	71	0	0	0
2	2	P2	68	45	0	0	0
3	2	P3	74	49	0	0	0
4	2	P4	27	18	0	0	0
5	2	P5	17	12	0	0	0
6	3	P1	82	54	61	0	0
7	3	P2	77	37	46	0	0
8	3	P3	68	53	31	0	0
9	3	P4	36	19	33	0	0
10	3	P5	19	33	21	0	0
11	4	P1	53	30	25	0	0
12	4	P2	63	33	42	0	0
13	4	P3	0	56	25	56	0
14	4	P4	33	0	48	28	0
15	4	P5	0	21	17	42	0
16	5	P1	25	41	0	0	47
17	5	P2	54	0	19	33	0
18	5	P3	44	17	0	29	0
19	5	P4	0	12	26	0	11
20	5	P5	0	0	12	15	26
21	6	P1	44	30	0	0	91
22	6	P2	65	0	47	45	0
23	6	P3	78	0	29	50	63
24	6	P4	25	50	37	0	43
25	6	P5	0	22	30	40	17

市场预测信息——订单数量

序号	年份	产品	本地市场	区域市场	国内市场	亚洲市场	国际市场
1	2	P1	20	16	0	0	0
2	2	P2	16	10	0	0	0
3	2	P3	20	13	0	0	0
4	2	P4	11	8	0	0	0
5	2	P5	10	8	0	0	0
6	3	P1	16	14	13	0	0
7	3	P2	17	8	12	0	0
8	3	P3	15	14	7	0	0
9	3	P4	14	6	12	0	0
10	3	P5	8	15	7	0	0
11	4	P1	11	7	7	0	0
12	4	P2	15	9	11	0	0
13	4	P3	0	11	7	13	0
14	4	P4	12	0	16	10	0
15	4	P5	0	8	7	15	0
16	5	P1	6	12	0	0	11
17	5	P2	14	0	6	10	0
18	5	P3	11	5	0	8	0
19	5	P4	0	5	8	0	5
20	5	P5	0	0	5	6	10
21	6	P1	8	6	0	0	15
22	6	P2	12	0	10	7	0
23	6	P3	13	0	6	10	10
24	6	P4	6	10	9	0	9
25	6	P5	0	5	8	9	4

市场竞单信息

序号	订单号	年份	市场	产品	数量	ISO
1	J01	3	本地市场	P1	2	—
2	J02	3	本地市场	P1	3	9K
3	J03	3	本地市场	P2	3	14K
4	J04	3	本地市场	P2	2	9K，14K
5	J05	3	本地市场	P3	3	—
6	J06	3	本地市场	P3	3	9K
7	J07	3	本地市场	P4	2	14K
8	J08	3	本地市场	P4	3	9K，14K
9	J09	3	本地市场	P5	3	—
10	J10	3	本地市场	P5	2	9K
11	J11	3	区域市场	P1	3	14K
12	J12	3	区域市场	P1	3	9K，14K

(续表)

序号	订单号	年份	市场	产品	数量	ISO
13	J13	3	区域市场	P2	2	—
14	J14	3	区域市场	P2	3	9K
15	J15	3	区域市场	P3	2	14K
16	J16	3	区域市场	P4	3	9K，14K
17	J17	3	区域市场	P5	2	—
18	J18	3	区域市场	P5	3	9K
19	J19	3	国内市场	P1	3	14K
20	J20	3	国内市场	P1	2	9K，14K
21	J21	3	国内市场	P3	2	—
22	J22	3	国内市场	P4	2	9K
23	J31	5	本地市场	P1	2	—
24	J32	5	本地市场	P1	3	9K
25	J33	5	本地市场	P2	2	14K
26	J34	5	本地市场	P2	3	9K，14K
27	J35	5	本地市场	P3	2	—
28	J36	5	本地市场	P3	3	9K
29	J37	5	本地市场	P4	2	14K
30	J38	5	本地市场	P4	3	—
31	J39	5	本地市场	P5	2	9K
32	J40	5	本地市场	P5	3	14K
33	J41	5	区域市场	P1	4	9K，14K
34	J42	5	区域市场	P2	4	—
35	J43	5	区域市场	P3	4	9K
36	J44	5	区域市场	P4	4	—
37	J45	5	区域市场	P5	4	9K
38	J46	5	国内市场	P1	1	14K
39	J47	5	国内市场	P1	4	—
40	J48	5	国内市场	P2	1	9K
41	J49	5	国内市场	P2	4	14K
42	J50	5	国内市场	P3	1	9K，14K
43	J51	5	国内市场	P3	4	14K
44	J52	5	国内市场	P4	1	9K，14K
45	J53	5	国内市场	P4	4	—
46	J54	5	国内市场	P5	1	9K
47	J55	5	国内市场	P5	4	14K
48	J56	5	亚洲市场	P1	3	9K，14K
49	J57	5	亚洲市场	P1	3	—
50	J58	5	亚洲市场	P2	3	9K
51	J59	5	亚洲市场	P2	3	14K
52	J60	5	亚洲市场	P3	3	—

(续表)

序号	订单号	年份	市场	产品	数量	ISO
53	J61	5	亚洲市场	P3	3	9K
54	J62	5	亚洲市场	P4	3	14K
55	J63	5	亚洲市场	P4	3	—
56	J64	5	亚洲市场	P5	3	9K
57	J65	5	亚洲市场	P5	3	14K

注：9K代表ISO9000；14K代表ISO14000。

参考文献

[1] 王新玲. ERP沙盘模拟高级指导教程[M]. 北京：清华大学出版社，2009.

[2] 董红杰，吴泽强. 企业经营ERP沙盘应用教程[M]. 北京：北京大学出版社，2012.

[3] 樊晓琪. ERP沙盘实训教程及比赛全攻略[M]. 上海：立信会计出版社，2009.

[4] 吕永霞. ERP企业经营模拟沙盘实训指导教程[M]. 长春：东北师范大学出版社，2014.

[5] 何晓岚. ERP沙盘模拟实用教程(实物+电子)[M]. 2版. 北京：北京航空航天大学出版社，2011.

[6] 何晓岚，金晖. 商战实践平台(指导教程)[M]. 北京：清华大学出版社，2012.

[7] 刘平. ERP沙盘模拟管理综合实训手册[M]. 北京：机械工业出版社，2010.